Die Weine
der Toskana

Die Weine der Toskana

Rolf Kriesi

Das gelobte Weinland

Wie die Toskana zur klassischsten aller Weinregionen Italiens heranreifte.

Der Weg zum Wein Ihrer Wünsche

Was die toskanischen Gewächse so einzigartig macht, und wie die Wahl nicht zur Qual wird.

Die Weintypen der Toskana

Ein kompletter Überblick über die Weingebiete und die Weintypen, vom Chianti über den hehren Brunello bis zum »heiligen« Vin Santo.

Karte der toskanischen Weingebiete

Die kulinarischen Hochzeiten

Von den kulinarischen
Köstlichkeiten der Toskana
und den erlesensten
Weinen dazu.

Die schönsten Güter, die besten Weine

Ein Führer durch die Weinszene der Toskana, von den
berühmtesten Produzenten
bis zu den Geheimtipps.

**Die Vinoteca-Empfeh-
lungen: die Weine mit
dem besten Preis-
Wert-Verhältnis**

Gut einkaufen, klug einkellern, richtig servieren

Eine praktische Anleitung,
wo Sie die Weine Ihrer
Wünsche am besten ein-
kaufen und wie Sie damit
umgehen.

Die Toskana ist unsere Heimat

... und ihr Wein ist unser tägliches Brot. Seit rund dreißig Generationen ist unsere Familie in Florenz ansässig und bewirtschaftet große Ländereien in der ganzen Region.

In aller Freundschaft streiten wir uns mit andern Florentiner Adelsgeschlechtern, den Frescobaldi und der Dynastie der Ricasoli-Firidolfi, um die Ehre, das älteste Weinhaus der Welt zu sein. 1385 trat unser Urahne, Giovanni di Piero Antinori, der Weinhändlerzunft in Florenz bei. Vor einem guten Jahrzehnt konnten wir deshalb das 600-jährige Jubiläum unseres Bestehens feiern.

Dieser Ratgeber, von kompetenter Seite verfasst, möchte Ihnen auf neue und einfache Art und Weise unsere Toskana und ihr Herzblut, den Wein, näher bringen. Ich wünsche Ihnen und mir, dass diese Ratschläge ein bisschen toskanische Wärme und Herzlichkeit in Ihr Weinglas und damit in Ihr Heim bringen werden.

Marchese Piero Antinori

Das gelobte Weinland

Die Bedingungen für wunderschöne, eigenständige Weine sind einzigartig: Die Böden sind karg, das Klima ist warm und mild. Es gibt viel Sonnenschein und ausreichend Regen. Urwüchsige Rebsorten haben sich hier in Mittelitalien seit Jahrhunderten akklimatisiert und entwickelt. Die Toskana hat eine tief verwurzelte Weintradition, die ihresgleichen sucht.

Die Toskana – und Florenz im Besonderen – kann sich rühmen, Sitz der ältesten heute noch existierenden Weinhäuser der Welt zu sein. Die alten Adelsgeschlechter Ricasoli, Antinori oder Frescobaldi trieben schon Handel mit Wein, als Amerika, Südafrika oder Australien noch gar nicht entdeckt waren, geschweige denn auf deren heute so modischen Weingebieten Reben kultiviert wurden.

Die ersten Urkunden

Über den weißen Vernaccia di San Gimignano finden sich schon urkundliche Belege aus dem Jahr 1276. Erst etwas später, nämlich 1398, tauchte der Name Chianti erstmals als Weinbezeichnung auf. Der Vino Nobile di Montepulciano wurde bereits 1549 vom Kellermeister von Papst Paul III. als »vollkommener Wein« gepriesen. Carmignano erhielt 1716 durch Cosimo III. de'Medici den Status einer gesetzlich umrissenen Ursprungszone. Dieser Wein gehörte zu den ersten überhaupt, deren Name geschützt und gegen Fälschungen gefeit war. Der heute kostspieligste Weintyp der Toskana, der edle Brunello di Montalcino, ist dagegen fast noch ein Newcomer. Er stieg erst gegen Ende des 19. Jahrhunderts zu Berühmtheit auf.

Einige der ältesten Weinhäuser der Welt:

Barone di Ricasoli
Weinbau seit über tausend Jahren

Marchesi de' Frescobaldi
Weintradition seit 30 Generationen

Marchesi di Antinori
Weinhaus seit 1385

Links: Weinlese in der Toskana, der umfangreichsten DOCG Italiens (S. 24 f.).

Steckbrief
der Weinwirtschaft
in der Toskana

70 000 ha Rebfläche
3 Mio. hl Wein pro Jahr
100 000 Weinbauern
6000 Weinabfüller

Typischste Rebsorten:
Sangiovese (rot) (S. 16),
Trebbiano (weiß) (S. 43)
37 DOC und DOCG-Gebiete
(geschützte Ursprungszonen)

Wichtigste Rotweine:
Chianti und Chianti classico
(S. 32)
Brunello di Montalcino
(S. 36)
Vino Nobile di Montepulciano
(S. 38)

Bekannteste Weißweine:
Vernaccia di San Gimignano
(S. 44)
Galestro (S. 43)

Dominanter Weincharakter:
warm und herzhaft bei
Rotweinen
herb-säuerlich, einfach bei
Weißweinen

Von der Mischkultur zur Monokultur

Die Struktur der toskanischen Landwirtschaft war bis weit ins 20. Jahrhundert hinein vom Großgrundbesitz und der Halbpacht »Mezzadria« geprägt. Die riesigen Ländereien wurden von Pächtern bestellt, welche die Hälfte all ihrer Erträge an die Gutsherren abzuliefern hatten. Sie hausten mit ihren Familien auf kleinen Höfen, den Poderi, und waren weitgehend Selbstversorger.

Auf ihren Feldern und Wiesen herrschte ein Kunterbunt von Olivenhainen, Korn- und Maisäckern. Die Reben rankten an Bäumen, deren Blätter an das Vieh verfüttert wurden. Dazwischen wuchs Gemüse; die Hühner, Gänse, ja gar die Schweine hatten überall freien Auslauf. Es war Biokultur in Reinkultur.

Die wundersame Wandlung

Mit der Auswanderungswelle um die Wende zum 20. Jahrhundert kam der italienische Wein überall in die weite Welt. Der Chianti, in den strohumhüllten Flaschen, war lange sein Inbegriff schlechthin: süffig, billig und oft auch nicht mehr wert.

Das hat sich in den letzten Jahren gründlich geändert. Die Toskana hat sich zu einer der weltweit führenden Weinregionen geläutert. Diese wundersame Wandlung wurzelt paradoxerweise in der Landflucht der Nachkriegsjahre, welche in vielen ländlichen Gebieten ein menschenleeres Vakuum hinterließ. Allerdings nicht für lange. Bald wurden die verlassenen Gehöfte, Villen und Burgen von Städtern, oft aus dem Ausland, besetzt und zu Zweitresidenzen ausgebaut.

Mancher der neuen Bewohner wurde dabei vom Virus »Wein« befallen und investierte viel Geld, um vergammelte Rebberge und Kelleranlagen auf Vordermann zu bringen.

Dieser Zufluss von Reichtum und Investitionen ließ den toskanischen Wein neu erblühen. Die Besitzer waren willens, die einzigartigen Voraussetzungen für Rebbau zu nutzen, um gute authentische Weine zu keltern oder aus ihren Trauben gar wahre Meisterwerke zu kreieren.

Weinfachleute moderner Schule, Agronomen und Önologen, fanden bei den neuen Besitzern ein einträgliches Tätigkeitsfeld. Sie leisteten ganze Arbeit und fanden bald rund um die Erde Anerkennung.

Da wollten natürlich auch die traditionellen Weinbetriebe nicht zurückstehen. Sie nahmen die Herausforderung an, kamen wieder in Schwung, konnten sich Investitionen leisten und eine alte Weisheit neu beweisen: ohne Geld kein guter Wein.

Die Märkte in aller Welt waren der neuen Generation toskanischer Gewächse wohl gesinnt. Die Italianità, die italienische Lebens- und Genussfreude, entpuppte sich bis hin nach Japan als Verkaufsschlager für Design, Mode, Essen und Trinken. In diesem Sog wurde der italienische Wein, und der toskanische im Speziellen, zum internationalen Renner. Der Wein ist zum Lebenssaft der neuen Toskana geworden.

Weingeschichte der Toskana

8. Jh. v.Chr.: Etrusker betreiben bereits Weinbau.
1276: erste Urkunde über Vernaccia di San Giminiano.
1282: gründen Weinhändler von Florenz eine Zunft.
1338: Weinkonsum in Florenz: 200 l pro Kopf und Jahr.
1398: der Name Chianti taucht erstmals auf.
15. – 17. Jh.: Blütezeit des Weinhandels in Florenz unter der Herrschaft der Medici.
19. Jh.: Barone Ricasoli erfindet den modernen Chianti.
1960/70: Massenproduktion führt Chianti in tiefe Krise.
ab 1975: Qualitätsweinbau setzt sich durch. Aufstieg der besten Weine zur Weltklasse.

Das Kunterbunt der Mischwirtschaft wie hier bei San Gimignano hat vielerorts den Monokulturen weichen müssen.

Der Weg zum Wein Ihrer Wünsche

Dieses Kapitel zeigt Schritt für Schritt wie Sie sich den toskanischen Weinen annähern können, wie Sie bei der Wahl vorgehen und welche Krtiterien Sie beim Einkauf berücksichtigen sollten, damit sich Ihre Wünsche und Vorstellungen mit dem Wein Ihrer Wahl decken.

Wer etwas finden will, muss wissen, was er sucht. Auf Wein bezogen heißt das: lernen, was die Qualität ausmacht, seinen eigenen Geschmack ergründen, seine Vorlieben bestimmen und seine Bedürfnisse erkennen. Wer die Sache beim Kauf toskanischer Weine richtig angeht, wer sich den Überblick im Labyrinth des verworrenen Angebots verschafft, der wird kaum in die Irre gehen. Er wird für jeden Geschmack und jede Gelegenheit einen trefflichen Wein finden.

Was die Güte eines Weins bestimmt

Grundsätzlich sind es vier Faktoren, die den Typ und die Güte eines Weines bestimmen:

1. die Rebsorte und deren Trauben,
2. das Klima und der Boden, die in der Weinsprache mit dem Begriff »Terroir« bezeichnet werden,
3. das Können von Winzern und Weinmachern,
4. die Eigenheiten eines Jahrgangs.

Alles in allem aber ist es zum guten Ende das Zusammenwirken all dieser Elemente.

Die nebenstehenden Symbole werden Sie durch diesen Band und die ganze Buchreihe Vinoteca führen. Über die Qualität der Weine informiert die Anzahl Sterne von ★ bis ★★★★★.

Die Summe der vier Faktoren ergibt die Weinqualität

Rebsorte

Terroir

Winzer

Jahrgang

Weinqualität

Links: Chianti in all seiner Vielfalt, vorne der strohumhüllte Klassiker, eine »Fiasco«-Flasche.

Vier Fragen leiten die Weinwahl

Um »Ihren« Wein zu finden, sollten Sie Ihre Wünsche und Erwartungen nach folgenden Kriterien prüfen: Welches sind meine Vorlieben? Rot ♥ oder weiß ♀? Sanft oder herb? Leicht oder schwer? Subtil oder wuchtig?

Ist der Wein zum sofortigen Trinken ♦ oder zum Lagern ➤ bestimmt?

Zu welcher kulinarischen Gelegenheit ◆ soll er passen? Zum einfachen, kalten Imbiss, zu alltäglichen Gerichten oder zum Festmahl?

Die Preisklasse ❶ – ❺: Was ist mir der Wein wert? Welche Antworten wir Ihnen geben, zeigen die drei Porträts typischer toskanischer Weine rechts. Ab S. 29 leiten unsere Symbole Sie durch alle Weintypen der Toskana.

Die Vielfalt der toskanischen Weine

Die Toskana offeriert eine überaus reiche Palette an Weinen. Im Gegensatz zu andern berühmten Weinregionen, zu den raffinierten Weinen aus Bordeaux oder den subtilen Burgundern, sind ihre Gewächse allgemein herber und rustikaler, dafür aber auch wärmer, herzlicher und herzhafter. Ihr Symbol ist der Chianti in der Strohflasche, Fiasco genannt, die so herrlich toskanische Stimmung auf den Tisch zaubern kann, aber leider immer seltener zu finden ist. Heute hat sich bei den toskanischen Weinen die »Bordelaise« genannte Flaschenform mit 0,75 Liter Inhalt durchgesetzt (Bilder rechts).

Frage: Was ist der Unterschied zwischen diesen drei Flaschen? Antwort: bis zu 100 Mark!
Diese drei Flaschen repräsentieren die ganze Bandbreite des toskanischen Angebots. Ein einfacher, ehrlicher Wein ist für wenige Mark zu haben, für eine berühmte Kreszenz dagegen blättern Sie gut und gerne bis zu hundert Mark und mehr auf den Tisch.

Beispiel eines Trinkweins:
Ein einfacher Chianti, fruchtig, süffig und leicht.
Er passt köstlich zu Pasta oder zum kleinen Imbiss mit Käse und Salami.
Mehr dazu: S. 32.

❶ ab DM 7,– / € 3,50

Beispiel eines Lagerweins:
Ein edler Vino Nobile di Montepulciano Riserva. Er ist erst nach Jahren trinkreif.
Dann aber wird er zum noblen Wein fürs Festmahl.
Mehr dazu: S. 38.

❸ ab DM 20,– / € 10,–

Beispiel »Super-Toskaner«:
Diese Kategorie erlaubt alle Fantasien in puncto Weincharakter und Preis. Ein »Sassicaia« kostet vielerorts über 100 DM.
Es ist ein kostbarer Paradewein zum Galadiner.
Mehr dazu: S. 42.

❺ ab DM 50,– / € 25,–

Typisch Toskana: Sangiovese

Die meisten klassischen Weinregionen werden von einer oder von einigen wenigen Rebsorten dominiert. In der Toskana ist es die Sangiovese-Traube. Sie war schon den Etruskern vor dreitausend Jahren bekannt und hat sich im Laufe der Jahrhunderte die Vorherrschaft erobert, weil sie sich dem Klima und den Böden optimal anpassen konnte und zuverlässige, gute Erträge ergibt.

Sangiovese ist heute die meistangebaute Sorte Italiens. Sie wird auf fast zehn Prozent der Rebfläche kultiviert und kommt hauptsächlich in der einst Etrurien genannten Landschaft Mittelitaliens vor.

In allen roten Gewächsen der Region, im Chianti, im Brunello di Montalcino, im Vino Nobile di Montepulciano und wie sie alle heißen, prägt sie den Charakter des Weines und bildet sein Rückgrat.

Im Laufe der Zeit hat sie viele Varianten, so genannte Klone entwickelt, die nach ihren Hauptmerkmalen bezeichnet werden: Sangiovese grosso (groß) oder piccolo (klein), dolce (süß) oder forte (kräftig).

Geduld für Trauben und Wein

Sangiovese reift spät und kann selbst in der milden, oft heißen Toskana erst im Oktober gelesen werden. Es handelt sich um eine robuste, rustikale und dickhäutige Sorte. Sie ergibt Weine von tiefroter, ins Bläulich-Schwarz spielender Farbe, die in der Jugend rau und säuerlich sind und sich erst nach Jahren öffnen und

Die Sangiovese ist die Grundlage fast aller toskanischer Rotweine, speziell auch des Chianti. Die Traube ist dickhäutig und spät reifend. Sie ergibt einen rubinroten, gerbstoffreichen Wein, herb-säuerlich in der Jugend, gehaltvollharmonisch in der Reife. Den Sangiovese-Weinen wird oft ein Anteil aus den Sorten Canaiolo, Cabernet Sauvignon und Merlot zugesetzt.

trinkreif werden. Sie sind, zumindest in sortenreiner Art, zum Lagern vorbestimmt.

Nun war es schon immer das Bestreben der toskanischen Winzer, diese Härte durch den Zusatz von anderen Sorten zu mildern. Bis vor kurzem wurde dies mit einheimischen roten und weißen(!) Sorten erreicht. Der große Förderer des toskanischen Weinbaus, der Staatsmann Barone Bettino Ricasoli, schuf noch im letzten Jahrhundert ein eigentliches Chianti-Rezept: Eine Mischung aus Sangiovese- und Canaiolo-Trauben für kostbare, langlebige Weine oder, wenn ein frischer, jung zu trinkender Wein das Ziel war, mit Zusatz von weißen Trebbiano- und Malvasia-Trauben.

Die Zeiten ändern sich und die Weinmoden mit ihnen. Neuerdings werden viele Sangiovese-Weine gerne mit den so genannten edlen, französischen roten Traubensorten abgerundet. Der elegante Cabernet Sauvignon soll sie geschmeidiger machen; der alkoholreiche Merlot soll ihnen mehr Fülle und Samtigkeit verleihen. Die Faustregel: Je höher der Anteil Sangiovese in einem Wein ist, desto länger braucht er Zeit zum Reifen. Der Mischsatz der Traubensorten ist aufschlussreich; er sollte beim Einkauf erfragt werden (S. 73).

Mindestanteil Sangiovese

im Chianti 75%

im Vino Nobile
di Montepulciano 60%

im Brunello
di Montalcino 100%

Sangiovese in voller Pracht. Damit die Trauben perfekt ausreifen, werden sie von den Blättern befreit.

Die Toskana als Terroir

Steinige Kalkböden sind Garantie für fruchtige, beerige Chianti wie auf dem Gut Poggerino in Radda in Chianti.

Mangels eines treffenden deutschen Ausdrucks hat sich in der Weinsprache der französische Begriff »Terroir« eingebürgert. Er umfasst ein fast magisch zu nennendes Zusammenspiel von Mikroklima, Topographie und Bodenbeschaffenheit im Rebberg oder Anbaugebiet. Das Terroir ist der Lebensraum der Rebe und bestimmt der Qualität der Trauben. Die süßesten Früchte bringt eine Rebe nur dann hervor, wenn es ihr auf dem Terroir wohl – aber nicht zu wohl – ist. Ist das Umfeld zu fruchtbar, schießt sie ins Kraut, ist allzu produktiv und die Qualität der Trauben leidet unter der Quantität.

Die verschiedenen Terroir-Zonen

Im Fall der spät reifenden und daher viel Sonne benötigenden Sangiovese bildet der Arno die nördliche und östliche Grenze ihres Reichs. Auf kalkreichen Böden bringt sie saftige, fruchtige Weine hervor. Das ist der Fall in der zentralen Toskana, im hügeligen Gebiet des Chianti classico, wo Kalkböden in Form von Kalkmergel oder Kalkstein vorherrschen.

Hanglagen in 200 bis 500 Meter Meereshöhe mit optimalem Sonneneinfallswinkel sind dank der beträchtlichen Temperaturunterschiede zwischen Tag und Nacht besonders wertvoll für die Aromenbildung. Davon profitieren speziell die Weine des Chianti Rúfina und von Montalcino.

In der viel wärmeren, südlichen Toskana schützen sich die Beeren mit dickeren Häuten, die Trauben enthalten weniger Saft, die Weine werden konzentrierter, alkohol- und gerbstoffreicher. Hier spielen Ausrichtung, Neigung und Höhe der Reblage eine geringere Rolle. Wenn die Böden wie im Bereich von Montepulciano sandiger sind, verleiht das den Weinen trotzdem eine gewisse Beschwingtheit.

Ein ganz neues Weinland wird zur Zeit im Westen, am Tyrrhenischen Meer, groß erschlossen. Hier, längs der Küste, ist das Klima feuchter, die Temperaturen sind ausgeglichener. Die Weine werden runder und weicher. Die mancherorts stark eisenhaltigen Böden schenken ihnen Kraft. Das Terroir ist ideal für die französischen Edelsorten Cabernet Sauvignon und Merlot.

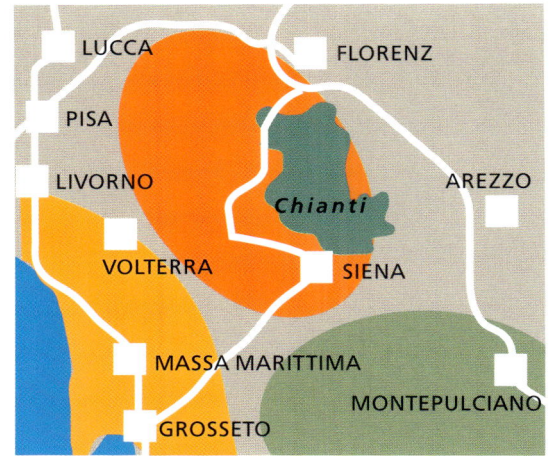

Klima und Böden prägen den Weintyp:

Zentrum:
kühl und trocken, oft Kalkböden = süffige, saftige, fruchtige Weine

Süden:
warm und trocken, eher leichte Böden = konzentrierte, alkoholische Weine

Westen:
am Tyrrhenischen Meer: warm und feucht, Boden oft eisenhaltig = milde, sanfte Weine

Detailkarte S. 30/31

Im Rebberg entscheidet sich die Güte

Das Jahr des Winzers

(Bildreihe unten von links)
Vorfrühling: Rebschnitt.
Frühjahr: überschüssige Knospen bei Austrieb entfernen.
Spätfrühling: Fixieren der zarten Schosse.
Frühsommer: Blüte fürchtet kalte, nasse Witterung.
Sommer: Laub auslichten fördert Traubenreife.
Herbst: Handlese oder Maschinenernte.

In neuster Zeit setzt sich eine alte Erkenntnis wieder durch: Guter Wein entsteht im Rebberg – und nicht im Keller. Nach Ansicht aufgeklärter Önologen »macht er sich dort von selbst«, wenn nur gesundes, vollreifes Traubengut eingebracht wird.

Dafür braucht es zuerst ein gutes Terroir, dann sind die Wahl von Rebsorte und Klon sowie die Anlage der Weingärten eminent wichtig und schließlich braucht es die kundige Pflege vom Schnitt der Reben im Vorfrühling bis zur Lese der Trauben im Herbst.

Umstritten ist die Weinernte mit der Maschine. Zumindest für Spitzenweine und in schwierigen Jahren ist die mechanische Lese problematisch. Denn sie wirft – im Gegensatz zur Handlese – alles in einen Topf und unterscheidet nicht zwischen gesunden und angefaulten, zwischen voll- und halbreifen Trauben. Ihr Vorteil: Sie kostet viel weniger und senkt den Einstandspreis der Trauben und den Entstehungspreis des Weins.

Rebschnitt · Austrieb · Schosse fixieren

Weniger Trauben – bessere Weine

Manche der heutigen Kulturen sind im Hinblick auf üppigen Traubenertrag und nicht auf die Güte des Weines angelegt worden. Quantität kam noch in den Siebzigerjahren vor Qualität. Erst als der toskanische Weinbau deswegen in eine tiefe Krise geriet, kam in den Achtzigerjahren ein Umdenken auf. Agronomen wurden beigezogen und überall kamen Forschungsprojekte in Gang.

Das bedeutendste läuft seit einem guten Jahrzehnt unter dem Namen »Chianti 2000«. Es forscht nach den besten Sangiovese-Klonen, den klügsten Methoden der Bodenbearbeitung und nach der optimalen Pflanzdichte pro Hektar. Das Ziel ist, weniger, aber gehaltvollere Trauben zu kultivieren, die mehr Zucker enthalten und konzentriertere Weine mit höherem Alkoholgehalt ergeben. Waren vor wenigen Jahrzehnten noch Ernten von 20 Tonnen pro Hektar an der Tagesordnung, so limitieren heute die Vorschriften für Qualitätsweine die Menge auf weniger als die Hälfte (Tabelle S. 24).

Maschinenstunden sind billiger als Handarbeit. Die Handlese bürgt aber nach wie vor für die beste Auswahl der Trauben. Wie gelesen wurde, kann nur der Erzeuger verraten.

Blüte

Laubarbeiten

Lese

Die Kelter- und Kellertechnik

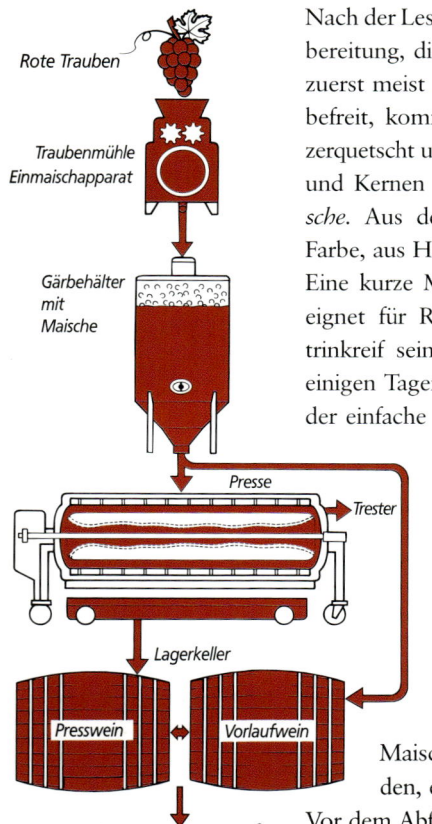

Rote Trauben

Traubenmühle
Einmaischapparat

Gärbehälter
mit
Maische

Presse

Trester

Lagerkeller

Presswein

Vorlaufwein

filtern
oder
klären

Abfüllanlage

Nach der Lese beginnt das große Abenteuer der Weinbereitung, die Vinifizierung. Rotweintrauben werden zuerst meist entrappt, d. h. von den Stielen (Rappen) befreit, kommen in die *Traubenmühle,* werden dort zerquetscht und im *Gärbehälter* zusammen mit Häuten und Kernen eingestampft. Daraus entsteht die *Maische.* Aus den Beerenhäuten zieht der Wein seine Farbe, aus Häuten und Kernen den Gerbstoff.

Eine kurze Maischezeit von einigen Stunden ist geeignet für Roséweine, die nach wenigen Monaten trinkreif sein sollen. Eine mittlere Maischezeit von einigen Tagen benötigen frische, fruchtige Weine wie der einfache Chianti, die nach 6 bis 12 Monaten auf den Markt kommen. Eine lange Maischezeit, bis zu einem Monat, brauchen konzentrierte, hochwertige Lagerweine, die erst nach mehreren Jahren vollen Trinkgenuss bieten. Gutes Beispiel ist der Brunello di Montalcino.

Der Saft (*Vorlaufwein),* der sich dabei bildet, wird nach der Gärung direkt in die Lagerfässer gepumpt, der dicke Rest der Maische muss zuerst noch ausgepresst werden, er ergibt den Presswein.

Vor dem Abfüllen wird der Wein durch *Klären* (Schönung mit Zusätzen zur Bindung von Trubstoffen) oder *Filtern* geklärt.

Der Ausbau in Stahl oder Holz: Die Zeit der Reife
Die minimale Ausbauzeit im Produzentenkeller wird durch das italienische Weinbaugesetz geregelt (Tabelle S. 24). Als Grundregel gilt, dass Sangiovese-Weine mindestens ein Jahr lang reifen sollten. Im Edelstahl

bewahren einfache Weine ihre Fruchtigkeit. Im Holz können kostbare Weine ihre Komplexität besser entfalten, am besten in den Barriques, den kleinen Holzfässchen aus Eiche mit 225 Liter Inhalt.

Um jung zu trinkende Weine mild, prickelnd und süffig zu machen, haben die Toskaner einen eigenen kleinen Trick, das Governo. Vor dem Abziehen auf Flaschen setzen sie dem Wein etwas Traubensaftkonzentrat bei, um eine Nachgärung in Gang zu setzen.

Ausbau im Edelstahltank: Sie ist die modernste und – abgesehen von der Anschaffung – kostengünstigste Methode. Im gekühlten Stahltank mit regelbarer Temperatur bleiben die Weine fruchtig frisch, sind aber nicht auf lange Haltbarkeit getrimmt.

Ausbau im Holzfass: Die romantischen, großen Holzfässer fassen bis zu 100 hl. Sie müssen intensiv gepflegt und alle zehn, zwanzig Jahre ersetzt werden. Der Einfluss des Holzes auf den Wein ist, besonders bei älteren Fässern, beschränkt.

Ausbau in der Barrique: Nach französischem Vorbild werden die ambitiösesten Weine in der Barrique ausgebaut. Das Holz hat besonders bei neuen Barriques einen spürbaren Einfluss auf den Weingeschmack. (Duftnoten von Vanille, Eiche, Rauch, auch Röstaromen).

Die geschützten Ursprungszonen

Die Qualitätshierarchie der italienischen Weine

Bis Jahrgang 1995 war noch die Bezeichnung »Vino da tavola toscano« zulässig. Sie muss seit 1996 durch die Angabe der IGT-Zone ersetzt sein.

Die italienische Weinhierarchie beruht auf einer Qualitätspyramide. Unterste Stufe sind die Vini da tavola (Vdt), simple Markenweine ohne Jahrgang, ohne Ursprungsvermerk, ohne Hinweis auf Traubensorten.

Seit 1996 gibt es darüber die Zwischenklasse IGT (Indicazione Geografica Tipica). Dieser Vermerk bezeugt, dass die Trauben aus einer bestimmten Region stammen und gewissen Produktionsvorschriften unterliegen. Die Spitze bilden Weine mit kontrollierter oder zusätzlich noch garantierter Herkunft (DOC/G). Letztere sind auf dem Flaschenhals mit Banderolen markiert.

Die Faustregeln für die Tabelle unten: Je höher der Anteil Sangiovese, desto herber der Wein; je kleiner der Ertrag, desto extrakt- und alkoholreicher der Wein; je länger die Reifezeit beim Erzeuger, desto lagerfähiger der Wein; je niedriger die Produktion, desto teurer die Flaschen.

Anforderungen an die DOCG-Weine der Toskana

Weinname	Haupt-Traubensorte	Max. Ertrag pro Hektar	Alkohol, minimal	Reifezeit bei Erzeuger	Produktions-menge
Chianti ohne Zusatz-bezeichnung (S. 32)	Sangiovese 75 – 90 %	9000 kg	11,5 % **12,5 %**	4 Monate **3 Jahre**	70 Mio. Flaschen
Chianti mit Zonen-bezeichnung (S. 32)	Sangiovese 75 – 90 %	8000 kg **sup. 7500 kg**	11,5 % **12,5 %**	7 Monate **3 Jahre**	35 Mio. Flaschen
Chianti classico (S. 34)	Sangiovese 75 – 100 %	7500 kg	12 % **12,5 %**	11 Monate **3 Jahre**	35 Mio. Flaschen
Brunello di Montalcino (S. 36)	Sangiovese 100 %	8000 kg	12,5 % **12,5 %**	4 Jahre **5 Jahre**	4 Mio. Flaschen
Vino Nobile di Montepulciano (S. 38)	Sangiovese 60 – 80 %	8000 kg	12,5 % **12,5 %**	2 Jahre **3 Jahre**	2,5 Mio. Flaschen
Carmignano (S. 41)	Sangiovese 45 – 70 %	8000 kg	12,5 % **12,5 %**	18 Monate **3 Jahre**	0,3 Mio. Flaschen
Vernaccia di San Gimignano (S. 44)	Vernaccia 100 %	9000 kg	11 % **11,5 %**	3 Monate **1 Jahr**	6 Mio. Flaschen

fett: Angaben für Riserva bzw. superiore (S. 33 und 35)

Weinetiketten sagen viel – aber nicht alles
Weinetiketten sind eine verschlüsselte Sache. Der Vermerk DOC(G) kann Hinweise auf Traubensorte(n), Maximalertrag und Ausbauzeit vermitteln (Tabelle links unten). Manchmal hilft ein Rückenetikett weiter.

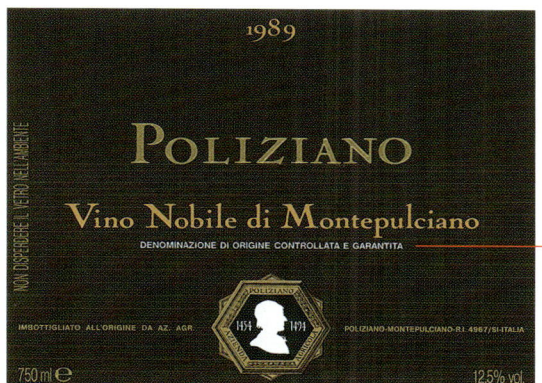

DOCG (Denominazione di Origine Controllata e Garantita)
Diese höchste Stufe der Anerkennung schaffte bislang in ganz Italien nicht mehr als ein gutes Dutzend Weine, sieben davon in der Toskana. Die Namen und Anforderungen finden sich in der Tabelle auf der Seite links.

DOC (Denominazione di Origine Controllata)
Diese Auszeichnung haben in der Toskana 25 Anbauzonen. Sie besagt, dass die Weine recht strenge Kriterien in Bezug auf Traubensorten, Erntemenge, Alkoholgehalt und Reifezeit erfüllen müssen.

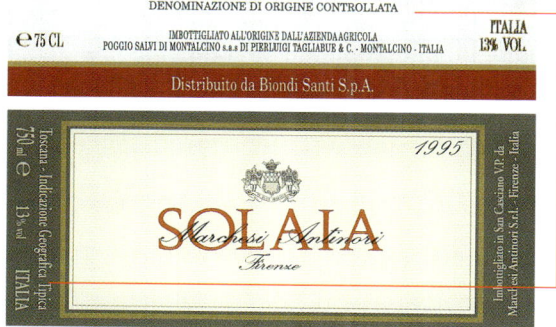

In der Toskana existieren zudem 7 IGT (Indicazione Geografica Tipica)-Regionen. Von da können sowohl billige Massenweine als auch kostspielige »Super-Toskaner« wie der Solaia kommen. Die Differenz erkennt man vor allem am Preis. Angabe von Jahrgang und Traubensorte ist freiwillig.

Von guten und »schlechten« Jahren

Weine sind Produkte der Natur – und diese hat ihre Launen. Die Witterungsverhältnisse sind von Jahr zu Jahr verschieden und die Trauben reifen unterschiedlich aus. Zwar gibt es in Qualitäts-Anbaugebieten dank dem Fortschritt im Weinbau und in der Kellertechnik selbst in so genannten schlechten Jahren kaum mehr schlechte Weine. Aber sehr unterschiedliche.

In feuchten Jahren sind die Beeren oft von Fäulnis befallen und sollten ausgesondert werden. In Jahren mit weniger Sonne erzeugen die Trauben weniger Zucker. Die Weine enthalten mehr Säure, dafür weniger Alkohol und Extraktstoffe. Dafür sind sie leichter, rassiger und vor allem früher trinkreif.

Die optimale Trinkreife ist denn auch das wichtigste Kriterium für den Weingenuss. Wichtiger jedenfalls als die Klassifikation eines Jahrgangs, welche ja nur die klimatischen Verhältnisse des Jahres berücksichtigt. Einen Chianti classico Riserva oder einen Brunello di Montalcino nach drei, respektive vier Jahren schon zu entkorken, ist eindeutig verfrüht. Es sei denn, man kann seine Neugier nicht zügeln …

An der Farbe erkennt man das Alter: lebhaft rubinrot mit violetten Nuancen – ein junger Chianti (unten links); ziegelrot mit orangefarbenen Reflexen – derselbe Wein gereift (unten rechts). Den Zusammenhang zwischen Alter und Trinkreife zeigt die Tabelle auf S. 27 für die einzelnen Weintypen, die im folgenden Kapitel ausführlich dargestellt werden.

Die Weinreife-Tabelle für höchsten Weingenuss

Jahr	Einfacher Chianti	Chianti classico Zonen-Chianti	Chianti Riserva	Brunello di Montalcino	Vino Nobile di Montepulciano	Rossi di Montalcino/ Montepulciano	Vernacci a di San Gimignano
1998	↗	→	→	→	→	→	↗
1997	↗	↗	→	→	→	↦	★
1996	★	↗	→	→	↗	↗	★
1995	★	↗	↗	→	↗	★	★
1994	↘	★	★	↗	★	↘	↘
1993	↘	★	↗	↗	★	★	↘
1992	○	↘	↘	★	↘	○	○
1991	↘	↘	★	★	↘	↘	○
1990	↘	★	★	↗	★	★	○
1989	○	↘	↘	↘	↘	○	○
1988	↘	★	★	★	↘	↘	○
1987	○	○	○	↘	○	○	○
1986	○	↘	★	↘	↘	○	○
1985	○	↘	★	★	↘	○	○
1984	○	○	○	○	○	○	○
1983	○	○	★	↘	○	○	○
1982	○	○	★	★	○	○	○
1981	○	○	○	↘	○	○	○
1980	○	○	↘	↘	○	○	○

Zur Qualität der Jahrgänge:
▭ = hervorragend
▭ = gut
▭ = mäßig

Legende:
→ noch sehr jung,
  reifen lassen
↗ am Anfang der Trinkreife,
  kann noch besser werden
★ auf dem Höhepunkt,
  trinken
↘ Zenit überschritten,
  austrinken
○ verpasst, wäre besser
  schon getrunken

Ältere Super-Jahrgänge: 1979, 1978, 1977, 1975, 1971, 1970

Die toskanischen Weinjahre ab 1989
Weine dieser Jahrgänge sind teilweise noch im Handel erhältlich.

1998 Zwiespältiges Jahr, heißer Sommer, regnerischer Herbst. Unterschiedliche Weine.

1997 Idealer Klimaverlauf; ein Bilderbuch-Jahrgang. Der beste seit 1990.

1996 Sommer und Herbst abwechselnd Sonnen- und Regenperioden. Kleine Ernte.

1995 Regen im September, aber ein warmtrockener Oktober rettete alles. Kleine Ernte.

1994 Schwieriges Jahr. Extrem trocken im Sommer, nass im Herbst. Besser: Montalcino.

1993 Heißer Sommer, frühe Reife. Sehr gutes Jahr, sofern vor Oktober-Regen gelesen.

1992 Anfänglich viel versprechend, dann aber verregnete Rotweinernte. Gute Weiße.

1991 Kritisches Jahr von der Blüte bis zur verregneten Lese. Ansprechende Weiße.

1990 Der größte Jahrgang der neueren Zeit. Schöne harmonische Lagerweine.

1989 Durchweg feuchte Witterung. Heißer Sommer. Weinqualität eher mäßig.

Die Weintypen der Toskana

Zwar ist der Chianti zum Inbegriff des toskanischen Weins geworden, doch bei näherem Zusehen entdeckt der Weinfreund eine Fülle anderer bemerkenswerter Gewächse. In der Toskana findet er alles, was sein Herz begehrt, vom einfachsten Weinchen bis zum imposantesten Wein.

Mit einer einfachen Symbolik weist die Vinoteca den Weg zum Wein, den Sie suchen. Stellen Sie die vier Fragen gemäß S. 14. Die Symbole mit den Beschreibungen geben die Antworten. Die Sterne für die Qualität werden aufgrund der entscheidenden Faktoren, Rebsorte, Terroir, Klima und Winzer (S. 13), vergeben.

Die Vinoteca-Symbole zur Weinbeurteilung

Die Qualität	
★	für einen guten Alltagswein
★★	für einen feinen Sonntagswein
★★★	für einen prächtigen Festtagswein
★★★★	für einen grandiosen Paradewein
★★★★★	für einen absoluten Weltklasse-Wein

Qualität

Der Weintyp/Geschmack	
♥	Rotwein
♀	Rosé
♀	Weißwein

Weintyp/Geschmack

◆	**Ideale Gerichte zu diesem Wein**

Speise-Empfehlung

Lagerfähigkeit	
♦	Trinkwein
►–	Lagerwein (Angaben in Jahren nach Ernte)

Lagerfähigkeit

Die Preiskategorien	
❶	unter DM 10,– / € 5,–
❷	DM 10,– bis 20,– / € 5,– bis 10,–
❸	DM 21,– bis 30,– / € 10,– bis 15,–
❹	DM 31,– bis 50,– / € 15,– bis 25,–
❺	über DM 50,– / € 25,–

Preiskategorie

Links: Das erste »Etappenziel« des Winzers ist erreicht, gesunde Trauben im optimalen Reifestadium für die Lese.

Der Überblick über die toskanischen Weintypen

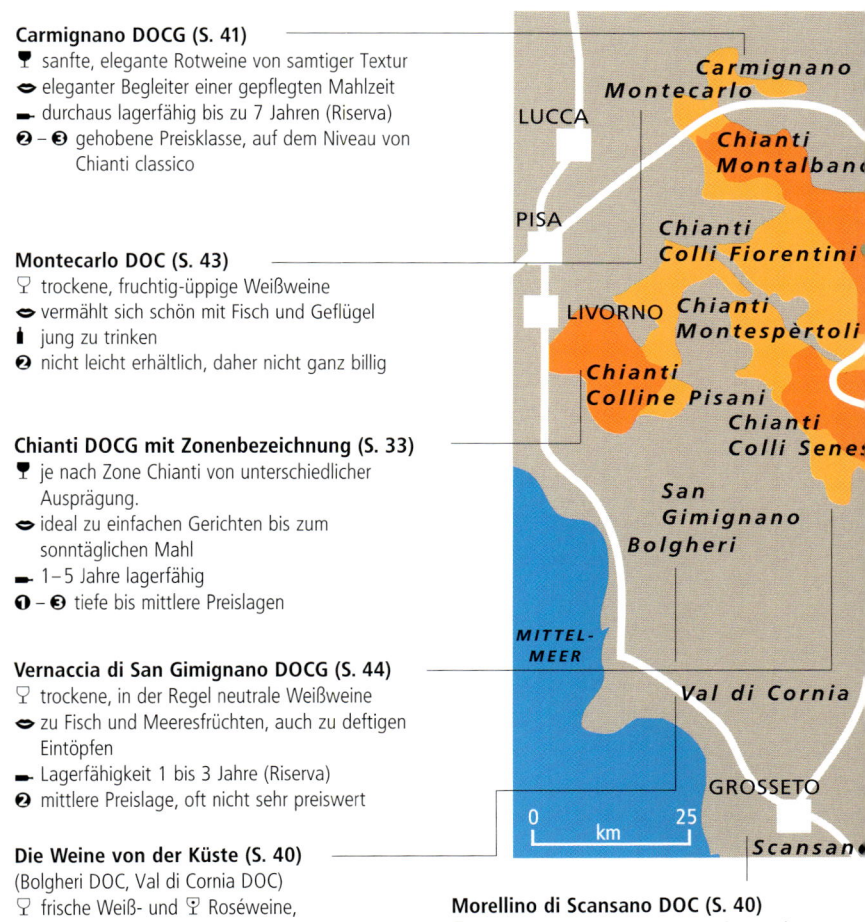

Carmignano DOCG (S. 41)
- ♛ sanfte, elegante Rotweine von samtiger Textur
- ◔ eleganter Begleiter einer gepflegten Mahlzeit
- ━ durchaus lagerfähig bis zu 7 Jahren (Riserva)
- ❷ – ❸ gehobene Preisklasse, auf dem Niveau von
  Chianti classico

Montecarlo DOC (S. 43)
- ♀ trockene, fruchtig-üppige Weißweine
- ◔ vermählt sich schön mit Fisch und Geflügel
- ◗ jung zu trinken
- ❷ nicht leicht erhältlich, daher nicht ganz billig

Chianti DOCG mit Zonenbezeichnung (S. 33)
- ♛ je nach Zone Chianti von unterschiedlicher
  Ausprägung.
- ◔ ideal zu einfachen Gerichten bis zum
  sonntäglichen Mahl
- ━ 1–5 Jahre lagerfähig
- ❶ – ❸ tiefe bis mittlere Preislagen

Vernaccia di San Gimignano DOCG (S. 44)
- ♀ trockene, in der Regel neutrale Weißweine
- ◔ zu Fisch und Meeresfrüchten, auch zu deftigen
  Eintöpfen
- ━ Lagerfähigkeit 1 bis 3 Jahre (Riserva)
- ❷ mittlere Preislage, oft nicht sehr preiswert

Die Weine von der Küste (S. 40)
(Bolgheri DOC, Val di Cornia DOC)
- ♀ frische Weiß- und ♀ Roséweine,
- ♛ milde, elegante Rote
- ◔ zu Fisch und Meeresfrüchten bzw. zu leichteren
  Fleischgerichten
- ◗ sofort trinken; gewisse Rote sind gut lagerfähig
- ❶ – ❺ in allen Preislagen erhältlich, Preise steigend

Morellino di Scansano DOC (S. 40)
- ♛ rustikaler Sangiovese-Wein, reich im Bukett,
  nachhaltig
- ◔ köstlich zu würzigen Fleischgerichten
- ━ kann problemlos 4 bis 6 Jahre reifen, auch länger
- ❷ – ❸ als Rarität manchmal recht teuer

Chianti ohne Zonenbezeichnung
Chianti mit Zonenbezeichnung
Chianti classico

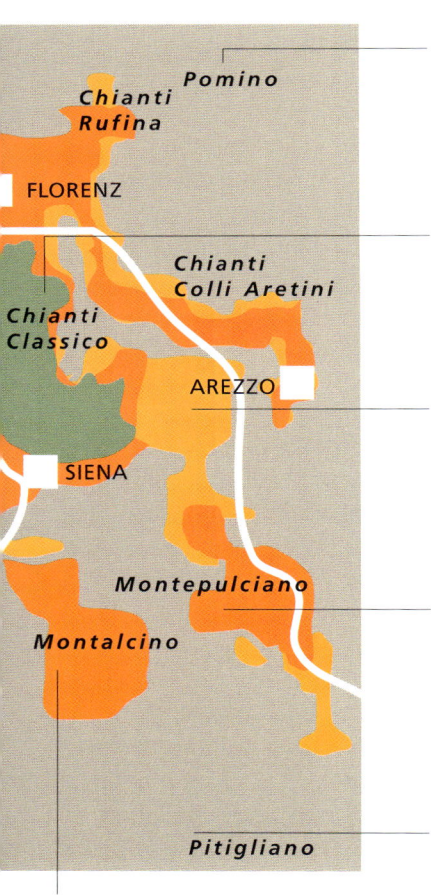

Pomino DOC (S. 41)
🍷 überaus süffige Rot- und 🍷 Weißweine
🍴 elegante Begleiter zu leichteren Gerichten
▬ nach 2 – 3 Jahren trinkreif,
optimal nach 5 Jahren
❷ – ❸ mittlere Preislage, durchaus preiswert

Chianti classico DOCG (S. 34)
🍷 gehobene, gehaltvolle Rotweine mit Charakter
🍴 gediegene Begleiter zur gepflegten Mahlzeit
▬ nach 2 – 5 Jahren trinkreif
❷ – ❹ mittlerweile recht kostspielig

Chianti DOCG (S. 32)
🍷 einfache, süffige Tischweine, fruchtig im
Geschmack
🍴 passt zu einfachem Essen,
🍴 zum Trinken, nicht zum Lagern
❶ – ❷ preisgünstig

Montepulciano DOCG (S. 38)
🍷 elegante, subtile Vini Nobili di Montepulciano
🍴 ist ein schöner Sonntagswein
▬ nach 4 bis 7 Jahren auf dem Höhepunkt
der Reife
❷ – ❸ nicht mehr ganz billig, Preistendenz steigend

Pitigliano DOC (S. 43)
🍷 frische, trockene, zuverlässige Weißweine
🍴 schön als Aperitif, zum Imbiss, zu Vorspeisen
🍴 jung zu trinken
❶ – ❷ preiswert, da im Ausland recht unbekannt

Montalcino DOCG (S. 36)
🍷 der Brunello ist ein kostbarer Paradewein
🍴 passt zu würzigen Speisen, Festwein
▬ gute Jahrgänge brauchen bis zu
10 Jahren Zeit
❸ – ❺ ein kostspieliges Vergnügen

Chianti in all seinen Variationen

Heute fast schon Nostalgie: der einfache Chianti im strohumhüllten Fiasco.

Auf den ersten Schluck scheint der Chianti der einfachste Wein der Welt zu sein: unkompliziert, voller Sonne und Fröhlichkeit, wie seine Heimat, die Toskana. Doch spätestens nach der dritten Flasche wird klar, dass ein Chianti eben mehr sein kann. Sich im Labyrinth des Angebots zurechtfinden zu wollen, kommt einer Entdeckungsreise voller Überraschungen gleich. Guten und weniger guten.

Damit ist angedeutet, dass der Chianti nicht nur der bekannteste und verbreitetste Wein Italiens, sondern auch der umstrittenste ist. Chianti kann sowohl ein simpler, süffiger Tropfen sein, als auch ein kostbares, kostspieliges Gewächs von imposanter Komplexität und nachhaltiger Länge. Das kommt ganz auf seinen Stand und seine Herkunft an.

Chianti wird überall in der Toskana erzeugt, in über hundert Gemeinden. 75 000 Weinbauern kultivieren Trauben dafür, 4000 füllen ihren Chianti selber in Flaschen ab. Insgesamt wird Jahr für Jahr eine Million Hektoliter Chianti aus den Reben der Region gepresst. Das ergibt etwa 140 Millionen Flaschen. Da kann schon mal eine besser oder schlechter sein als die andere. Schließlich ist Wein nicht Coca-Cola.

Die Hälfte dieser Menge ist simpler Chianti. Ein Viertel stammt aus privilegierten Zonen und das letzte Viertel darf als Chianti Classico ausgezeichnet werden. Damit ist gleich auch die Chianti-Hierarchie angedeutet. Diese gilt im Prinzip für alle Weine der Welt: Je genauer der Ursprung auf dem Etikett lokalisiert ist, desto wertvoller ist ein Gewächs.

Ist ein Wein lediglich als Chianti bezeichnet, kann er aus Trauben gekeltert sein, die von irgendwo aus der Toskana kommen.

Ist das Wort Chianti mit einem Zusatz versehen, zum Beispiel Chianti Rúfina, so stammt dieser Wein aus einer als besonders gut eingeschätzten, gesetzlich umgrenzten Anbauzone. Es gibt deren sieben, wie die Karte auf S. 30/31 oder die Tabelle unten zeigt.

Weist ihn das Etikett gar als Chianti classico aus, so reifte dieser Wein im eigentlichen Chianti-Gebiet zwischen Florenz und Siena.

Der Zusatz »superiore« steht für konzentrierteren Wein mit erhöhtem Alkoholgehalt. Der Begriff »Riserva« deutet auf bessere Qualität hin, auf einen Wein, der gemäß Gesetz länger in der Obhut des Erzeugers ausgebaut worden ist. Riserva-Weine sollten eigentlich nur in guten Jahrgängen erzeugt werden.

Die Chianti-Produktion:

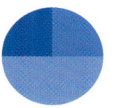

■ einfacher Chianti
70 Mio. Flaschen

■ Zonen-Chianti
35 Mio. Flaschen

■ Chianti classico
35 Mio. Flaschen

Chianti-Typ	★	🍷 [1]	🥘 [2]	▬ [3]	❶
Chianti	★	fruchtig-frisch	ein Alltagswein zu einfachen Gerichten	1–3 Jahre	❶–❷
Chianti superiore	★★–★★★	gehaltvoll, fruchtig, manchmal herb	ein Sonntagswein zu würzigen Speisen	3–8 Jahre	❷
Chianti Colli Aretini	★–★★	mild, duftig, mittelschwer	ein Wein zu Imbiss oder Pasta	1–4 Jahre	❶–❷
Chianti Colli Fiorentini	★★–★★★	von leicht-fruchtig bis zur vollmundig kräftigen Riserva	vom Pastawein bis zum Sonntagswein	1–5 Jahre	❶–❷
Chianti Colli Senesi	★–★★★	von leicht-fruchtig bis zur eleganten Riserva	vom Pastawein bis zum Sonntagswein	1–5 Jahre	❶–❷
Chianti Colline Pisane	★–★★	leicht und weich	ein Alltagswein zu Imbiss und einfachen Gerichten	1–3 Jahre	❶
Chianti Montalbano	★–★★	weich und fruchtig	ein Alltagswein zu Imbiss und einfachen Gerichten	1–5 Jahre	❶–❷
Chianti Montespèrtoli	★–★★★	fruchtig, mittelschwer	Imbisswein und Pastawein	1–5 Jahre	❶–❷
Chianti Rúfina	★★–★★★★	elegant, rassig, charaktervoll	kann ein Sonntagswein sein, verlangt raffinierte Gerichte	3–8 Jahre	❷–❸
Chianti classico	★★–★★★★★	körperreich, komplex	ein Sonntags- oder Galawein	3–**10** Jahre	❷–❹

[1] trinkreife Jahrgänge: S. 27;   [2] ideale Speisen zum Wein: S. 50;   [3] **fett** = Lagerfähigkeit von Riserva-Weinen

Die Spitze: der klassische Chianti

Rot umrahmt: das Siegel
Gallo nero

Goldumrahmt: das Siegel
Gallo nero Riserva

Unten: das Gebiet des
Chianti classico

Das Herz des toskanischen Weinbaus ist das Chianti-Gebiet zwischen Florenz und Siena, ein hügeliger Landstrich von rund fünfzig Kilometer Länge und dreißig Kilometer Breite. Die Zone erstreckt sich, wie die Karte unten links zeigt, über zehn Gemeinden.

Wenngleich sich heute Weine aus der ganzen Toskana Chianti nennen dürfen, so kommen sie doch selten an die eigentlichen Originale aus der klassischen Zone heran. Diese haben in den letzten zehn Jahren erhebliche Fortschritte gemacht. Dies nicht zuletzt dank der intensiven Sangiovese-Forschung im Rahmen des Projekts Chianti 2000 (S. 20).

Praktisch alle Weine der Mitglieder des Konsortiums Chianti classico haben heute wirklich Niveau und der schwarze Hahn ist zweifellos ein Gütezeichen und eine Garantie. Wenn auch keine billige.

Seine Wandlung zum Besten hat der Chianti classico auch der kürzlichen Verschärfung der DOCG-Bestimmungen zu verdanken. War es unlängst noch möglich, die roten Sorten mit bis zu zehn Prozent weißen Trauben zu strecken, so ist das heute strikt untersagt.

Zum vorgeschriebenen Mindestanteil der herben Sangiovese-Trauben dürfen neuerdings 25 Prozent sanftere Traubensorten eingebracht werden. Beliebt geworden ist die Beimischung der roten französischen Edelsorten Cabernet Sauvignon und Merlot. Da gleichzeitig auch der zulässige Höchstertrag auf 7500 Kilogramm pro Hektar gesenkt wurde, findet man in der klassischen Region kaum noch dünne Weinchen.

Was den Chianti classico auszeichnet

Ein Chianti classico darf frühestens am 1. Oktober nach dem Erntejahr auf den Markt gebracht werden; reif ist er indessen erst nach zwei bis drei Jahren.

Er zeichnet sich dann aus durch eine rubinrote, ins Blauviolett spielende Farbe. Das Bukett steigt frisch und fruchtig in die Nase, duftet fein nach Kirschen, roten Beeren und manchmal sogar nach Veilchen. Im Gaumen wirkt er rassig, fein säuerlich und vollmundig, in jungen Jahren auch vielfach recht herb. Im Abgang ist er von einer feinen Bitterkeit.

Was man von einer Riserva erwarten darf

Ein Chianti classico kann die Auszeichnung Riserva erlangen, nachdem er beim Erzeuger drei Jahre lang ausgebaut worden ist. Seine schönste Trinkreife wird er indessen erst nach fünf bis acht Jahren offenbaren. In guten Fällen bleibt er noch viel länger in Hochform. In seinem Rubin werden jetzt orange Reflexe funkeln (S. 26). Das Bukett wird komplexer sein, nach Gewürzen, Cassis, Brombeeren oder Toastbrot duften. Wenn der Wein in Barriques gereift ist, werden Noten von Eichenholz und Vanille mitschwingen. Im Mund wird er samtig rund und harmonisch wirken und sein Abgang wird von imposanter Länge sein.

Diese Superqualität sollte eigentlich nur in ausgezeichneten Jahrgängen und mit den besten Trauben erzeugt werden. Sind die Jungweine zu dünn, zu wenig alkohol- und extraktreich, dann zehren sie bei längerem Lagern gerne aus und wirken dann sehr trocken und holzig hohl.

Leider wird aus reiner Profitsucht oft zu viel Riserva erzeugt, da damit spürbar höhere Preise erzielt werden können. Vorsicht also bei Riserva aus kleinen Jahrgängen wie 1989, 1992 oder 1994.

Typisches Weingut im hügeligen, waldigen Urgebiet des Chianti classico.

Reinrassige Weine von Montalcino

Das Gütezeichen des
Brunello di Montalcino

Das mittelalterliche Montalcino mit seiner imposanten Burg ist der eigentliche Olymp des italienischen Weins. Es thront auf einsamer Höhe, auf einem Bergmassiv südlich von Siena. Und genauso unnahbar stolz und verschlossen wie das Trutzstädtchen selbst gibt sich sein Paradewein, der Brunello di Montalcino. Es ist, wie könnte es anders sein, ein reinrassiger, hundertprozentiger Sangiovese mit Beinamen grosso. Es handelt sich um einen wuchtigen, königlichen

Montalcino, die Kapitale des
Brunello, thront auf einsamer
Höhe.

Wein. Schon beim Erzeuger reift Seine Majestät über vier Jahre in Holz und Flasche heran, in der Riserva-Version sogar deren fünf. Wenngleich dank moderner Keltermethoden, wie durch Kühlung verlangsamte Gärung und sehr sanfte Pressung, die Tendenz zu weicheren Weinen besteht, so sind die meisten Brunelli, wenn sie auf den Markt kommen, noch sehr verschlossen. In diesem Stadium ist es schwer zu beurteilen, ob und wann sie sich öffnen. Die Geduld kann belohnt werden durch königliche Tropfen, die sich in eine strahlende rubin- bis ziegelrote Robe hüllen, ein reiches, würziges Bukett verströmen, von herber Komplexität und üppigen Aromenvielfalt sind. Wer sich Brunello leistet, braucht vor allem sehr viel Geduld und kann trotzdem nicht sicher sein, ob sich diese auszahlt. Das Risiko kann eigentlich nur durch die Wahl eines guten Erzeugers reduziert werden. Was nicht ganz leicht ist, denn während in den Siebzigerjahren nur eine Hand voll Abfüller Brunello vermarktete, ist ihre Zahl heute auf weit über hundert geschnellt und die Rebfläche hat sich in dieser Zeit vervielfacht. Eine Reihe zuverlässiger Brunello-Produzenten ist auf S. 64 genannt.

Das Stammgut des Brunello heißt Il Greppo. Hier wurde Ende des 19. Jahrhunderts einer der ersten Grands Crus Italiens geboren. Die Langlebigkeit dieser Weine stellte der Urenkel des Brunello-Kreateurs, Franco Biondi-Santi, jüngst unter Beweis. Er kredenzte Weine bis zurück ins Jahr 1888 und 1891. Im Glas waren diese Hundertjährigen noch erstaunlich rüstig. Begeisterung riefen die Jahrgänge 1955, 1965 und 1975 hervor, die nach Jahrzehnten zu grandioser Harmonie gereift waren.

Die populäre Version: der Rosso di Montalcino

Der junge Bruder des Brunello darf bereits nach einem Jahr in den Verkauf kommen. Manchmal ist ein Rosso durch sein jugendliches Feuer und seine Rasse sogar erfreulicher als ein herber Brunello, der durch das lange Gefangensein im Holzfass streng, ja holzig und ausgezehrt sein kann. Der Vollständigkeit halber sei noch an eine wiederbelebte Kreszenz aus alten Tagen erinnert, an den süßen, weißen Muskateller, den Moscadello di Montalcino.

Wein-Typ	★	🍷 🥂[1]	👄[2]	▬[3]	❶
Brunello di Montalcino	★★-★★★★★	bei voller Trinkreife ein vielschichtiger Wein von echter Grandezza	ein Paradewein zum Galadiner, Wildbret, Federwild, Rindsfilet	5-20 Jahre	❸-❺
Rosso di Montalcino	★★-★★★	fruchtiger, frischer als der Brunello, aber immer noch sehr gehaltvoll	zu würzigen Gerichten	3-6 Jahre	❷-❸
Moscadello di Montalcino	★★-★★★	süß, ölig in der Likörversion, süßlich perlend als Schaumwein	zu Nachspeisen Mandelgebäck Torten und Cremes	1-5 Jahre	❷-❸

[1] trinkreife Jahrgänge: S. 27; [2] ideale Speisen zum Wein: S. 50; [3] **fett** = Lagerfähigkeit von Riserva-Weinen

Der noble Vino von Montepulciano

Das Gütezeichen des Vino
Nobile di Montepulciano

Der noble Wein dieser Region ist der eigentliche Auf-
steiger der Achtzigerjahre. Jahrhundertelang war er in
Vergessenheit geraten, bis eine neue Generation von
Erzeugern einen raschen Umschwung zum Besseren
herbeiführte. Der Aufstieg war derart überzeugend,
dass diesen Weinen sogar der rare DOCG-Status
(S. 24) zuerkannt wurde, den in Italien lediglich ein
Dutzend anderer Weine erlangt haben.

Das Rückgrat der Weine von Montepulciano bildet
die Traubensorte Prugnolo gentile, eine Spielart der
Sangiovese. Dank dem Terroir und dem Mikroklima
in der südöstlichen Toskana stellt er allerdings eine
Klasse für sich dar.

Zudem haben die Erzeuger von Gesetzes wegen die
Möglichkeit, seine Herbe durch einen 50-prozenti-
gen Verschnitt mit anderen Sorten stark zu mildern.
Die Assemblage mit der süßen Canaiolo-Traube run-
det seine Ecken ab und die ebenfalls einheimische
Mammolo schenkt dem Wein ein charakteristisches
Veilchenbukett. Sogar bis zu zwanzig Prozent weiße
Sorten, Trebbiano und Malvasia, wären erlaubt, was
in der Praxis aber eher verpönt ist.

Rathaus von Montepulciano

Dank des wärmeren Klimas ist der Vino Nobile meist
alkoholreicher als seine Nachbarn, der Chianti classico
und der Brunello, folglich im Stil etwas wärmer sowie

Wein-Typ	★	🍷 1	🍽 2	🍾 🍷 3	❶
Vino Nobile di Montepulciano	★★ – ★★★	duftiges Bukett, gehaltvoll, fruchtig, und harmonisch	ein Sonntagswein zu würzigen Speisen	4 – 10 Jahre	❷ – ❸
Rosso di Montepulciano	★ – ★★	frische, leichte Version des Vino Nobile	zu einfachen Gerichten, Pasta und dergleichen	1 – 3 Jahre	❶ – ❷

1 trinkreife Jahrgänge: S. 27; 2 ideale Speisen zum Wein: S. 50; 3 **fett** = Lagerfähigkeit von Riserva-Weinen

fülliger und samtiger. Der Name der Traube, Prugnolo, deutet seinen pflaumigen Charakter in Bukett und Aroma an.

Seinen Höhepunkt erreicht der Vino Nobile di Montepulciano um einiges früher als sein langlebiger Nachbar aus Montalcino. In vier bis sieben Jahren ist er trinkreif, die Riserva benötigt etwas länger.

Rosso di Montepulciano DOC, der kleine Bruder
Diese Zusatz-Appellation bietet den Produzenten die Möglichkeit, ihre Trauben zu leichteren, früher genussreifen Weinen zu verarbeiten. Allerdings ist stark umstritten, wie schnelllebig ein solcher Wein sein soll. Laut Reglement darf er bereits vier Monate nach der Lese auf den Markt gebracht werden. Viele Erzeuger distanzieren sich aber von solch frühreifen Weinchen.

Achtung, Verwechslungsgefahr!

Montepulciano ist auch der Name einer italienischen Traubensorte. Sie wird in der Toskana kaum kultiviert, hat aber in den Abruzzen eine eigene Ursprungszone DOC: Montepulciano d'Abruzzo. Diese Weine sind im Preis durchaus bescheiden und können qualitativ hervorragend sein.

Ausblick von Montepulciano auf die Landschaft der südlichen Toskana. Im Hintergrund: Monte Amiata.

Die Weine von der Küste

Weinberg bei Bolgheri

Bolgheri DOC: der elegante Küstenwein
Die Küste am Tyrrhenischen Meer ist durch ihre Super-Toskaner »Sassicaia« und »Ornellaia« berühmt geworden. Das hat anderen Produzenten Mut gemacht und neue Erzeuger angelockt, da man hier noch gutes Rebland zu erschwinglichen Preisen findet.

Suvereto, Val di Cornia DOC

Val di Cornia DOC: viel versprechender Neuling
Eine ganz neu gekürte DOC-Zone liegt am Golf von Follonica, gegenüber Elba. Sie ist quasi der südliche Ausläufer des berühmten Nachbarn Bolgheri. Das Potenzial für Rebbau ist unbestritten; die ersten Weine sind sehr viel versprechend.

Landschaft bei Scansano

Morellino di Scansano DOC: der Rustikale
Neben den Weinen von Montalcino der einzige, der traditionsgemäß zu 100 Prozent aus Sangiovese-Trauben gekeltert wird. In den dürren Maremmen in den Bergen hinter Grosseto entwickelt er aber einen ganz anderen Charakter: tief rubinrot, reiches Bukett, rustikaler Geschmack und nachhaltiger Abgang.

Wein-Typ	★	♀♀♀[1]	◕[2]	▮▬[3]	❶
Bolgheri DOC	★−★★★★★	es gibt alles, vom leichten, süffigen Tropfen bis zum Klassewein (Sassicaia, Ornellaia)	passt je nachdem zu Pasta, oder zum Galadiner	1−3 5−**10** Jahre	❶−❺
Val di Cornia DOC	★−★★	samtige, weiche, warme Weine	zum alltäglichen Genuss; bessere Weine zum Sonntagsbraten	2−5 Jahre	❶−❷
Morellino di Scansano DOC	★−★★	trockener, herber, robuster Rotwein	passt zu würzigen, deftigen Gerichten	4−6 Jahre	❷−❸

[1] trinkreife Jahrgänge: S. 27; [2] ideale Speisen zum Wein: S. 50; [3] **fett** = Lagerfähigkeit von Riserva-Weinen

Die feinen Außenseiter

Carmignano DOCG: der Aristokratische

Vom roten Carmignano gibt es ganze 300 000 Flaschen jährlich. Der Wein ist sehr gesucht. Von anderen Weinen auf Sangiovese-Basis unterschied er sich schon früh durch Beimischung von Cabernet Sauvignon, der hier bereits im 18. Jahrhundert als Uva Francesca kultiviert wurde. In der Jugend zeigt dieser aristokratische Rotwein sanfte Gefälligkeit; große Jahrgänge können mit der Reife an gute Bordeaux erinnern.

Weingut Tenuta di Capezzana

Pomino DOC: der aromatische Bergwein

Bis 700 Meter hoch steigen die Rebberge im höchstgelegenen Anbaugebiet der Toskana. Schon seit dem 19. Jahrhundert kommen von dort elegante, rassige überaus aromatische Weiß- und Rotweine aus edlen französischen Sorten.

Landschaft bei Pomino

Novello Toscano IGT: der Frühreife

Der Novello, die italienische Version des »Beaujolais nouveau«, ist schon zwei Monate nach der Ernte auf dem Markt. Für Ungeduldige, die den neuen Jahrgang kaum erwarten können.

Wein-Typ	★	🍷 🍷¹	🍖²	⬛³	❶
Carmignano DOC	★★ – ★★★	elegant gefällig in der Jugend, köstlich komplex in der Reife	passt zum feinen Sonntagsbraten	5 – 8 Jahre	❷ – ❸
Pomino DOC	★★ – ★★★★	elegant, harmonisch und rassig; überaus süffig	Weiße passen zu Meeresfrüchten, Fisch; Rote zu Geflügel, Kalbfleisch, nicht zu würzigen Gerichten	2 – 3 **5 – 6** Jahre	❷ – ❸
Novello Toscano IGT	★	jugendlich, fruchtig	Imbiss und Pastawein	sofort trinken	❶

¹ trinkreife Jahrgänge: S. 27; ² ideale Speisen zum Wein: S. 50; ³ **fett** = Lagerfähigkeit von Riserva-Weinen

Die Super-Toskaner

Eine Kategorie von Weinen ohne jeglichen Gesetzes-Status hat in den Achtzigerjahren Furore gemacht: die Vini da tavola. Um nicht an die Vorschriften der Zone gebunden zu sein, deklassierten manche Erzeuger ihre allerbesten Erzeugnisse in die tiefste Weinkategorie. So waren sie frei in der Zusammensetzung der Traubensorten und der Machart. Es entstanden oft önologische Meisterwerke, die allerdings die toskanische Eigenart zugunsten von geschliffenen, nach französischem Vorbild entstandenen, dem internationalen Geschmack Tribut zollenden Weinen aufgegeben hatten. Da davon meist nur wenige tausend Flaschen erzeugt wurden, rissen sich die Fans darum und die Preise stiegen ins Unermessliche.

Seit das italienische Weingesetz 1996 eine neue Stufe in der Weinhierarchie geschaffen hat, die IGT (S. 24), muss die toskanische Herkunft dieser einstigen Tafelweine auf dem Etikett angegeben werden.

Paradebeispiel eines neuen IGT-Weins ist »Luce«, eine kräftige, samtige Assemblage aus Sangiovese und Merlot, der aus einem Joint Venture von Frescobaldi mit der kalifornischen Super-Winery Mondavi hervorgegangen ist und weltweit vermarktet wird – zum Einheitspreis von 55 US-Dollar.

Klassieren lassen sich diese IGT-Weine kaum. Man findet alles, vom dünnsten Tröpfchen bis zum mächtigen Wein. Indizien für Qualität sind einzig der Name des Erzeugers und (weniger zuverlässig) der Preis. Kompetente Empfehlungen finden Sie ab S. 54.

Luce, die neuste italo-amerikanische Kreation eines Super-Toskaners.

Die berühmtesten Super-Toskaner:

Cabreo (Ruffino)
Flaccianello delle Pieve (Fontodi)
Fontalloro (Felsina)
Grifi (Avignonesi)
Luce (Frescobaldi/Mondavi)
Mormoreto (Frescobaldi)
Ornellaia (Lodovico Antinori)
Pergole Torte (Monte Vertine)
RF (Castello di Cacchiano)
Sangioveto (Badia a Coltibuono)
Sassicaia (San Guido)
Sammarco (Rampolla)
Siepi (Fonterutoli)
Solaia (Antinori)
Tignanello (Antinori)

Die Weißweine der Toskana

So wie die Sangiovese die rote Weinszene beherrscht, so ist es für die Weißweine die in der Toskana allgegenwärtige Trebbiano-Traube. Sie gilt als Massenträger und wird qualitativ nicht sehr hoch eingeschätzt. In der Vergangenheit wurde sie oft auch zum Strecken der Rotweine verwendet. Im Chianti hatte sie den Effekt, seine Härte zu mildern und ihn früher trinkbereit zu machen. Als diese Gepflogenheit zunehmend aufgegeben wurde, schufen die kreativen Weinerzeuger aus dem Überfluss der weißen Trauben gemeinsam eine neue Weinmarke namens Galestro. Es handelt sich dabei um einen leichten, trockenen, modernen Wein zum Soforttrinken mit einem maximal zulässigen Alkoholgehalt von 10,5 Prozent.

Daneben aber werden in den meisten Anbauregionen Weißweine mit der Ursprungsbezeichnung DOC erzeugt. Sie haben jedoch kein großes Renommee und werden vorab auf dem lokalen Markt konsumiert. Die Ausnahme bilden der fassvergorene Benefizio (Chardonnay/Pinot bianco) aus Pomino und allenfalls die Weißen aus Montecarlo und Pitigliano.

Die wichtigsten Weißweine:

Bianco di Pitigliano DOC ★–★★
Galestro IGT ★
Montecarlo DOC ★–★★
Pomino (Benefizio) DOC ★★–★★★
Vernaccia di
San Gimignano DOCG ★–★★
(S. 44)

Regionale Weißweine:
Ansonica Costa
dell'Argentario DOC ★
Bianco del Empolese DOC ★
Biancho Vergine
Valdichiana DOC ★
Bolgheri bianco DOC ★–★★
Colli dell'Etruria Centrale DOC ★
Colline Lucchesi DOC ★
Montescudaio DOC ★

Weißer Überfluss und Überschuss dank der ergiebigen Trebbiano-Traube.

Vernaccia di San Gimignano

Das Gütesiegel des
Vernaccia di San Gimignano.
Oben: Die imposante
Silhouette der Stadt mit
ihren mittelalterlichen
»Wolkenkratzern«.

Der Weißwein aus dem »Manhattan« der Toskana, der
Vernaccia di San Gimignano, war das erste Gewächs
Italiens, welches 1965 eine Ursprungsbezeichnung
DOC zugesprochen erhielt. Kürzlich wurde sie zur
DOCG erweitert. Dank den Touristenströmen, die
dieses pittoreske Städtchen anzieht, findet er stets
guten Absatz. Für den Weinfreund hält sich die Begeisterung allerdings in Grenzen. Das Potenzial dieser
lokalen Sorte für die Weinbereitung ist begrenzt. Es
ergeben sich im besten Fall trockene, frisch-fruchtige
Weine mit einer feinen Bitterkeit im Abgang. Ein
Vernaccia ist, wenn man nicht gerade in eine Touris-
tenfalle tappt, durchaus erschwinglich und kann, sofern
er kühl serviert wird, sehr angenehm sein. Die Versu-
che, den Wein in Barriques auszubauen, zeigen gute
Ansätze, konnten bislang aber nicht voll überzeugen.
Zur Zeit wird dieser Weißwein hart bedrängt von den
für die Erzeuger lukrativeren roten Sorten.

Wein-Typ	★	🍷[1]	👄[2]	🍾▬[3]	⚫
Vernaccia di San Gimignano	★ – ★★	trocken, duftiges Bukett, fruchtig, leicht bitter in der Reife	zu Fisch, Muscheln, Pasta mit Meeresfrüchten	1 – 4 Jahre	❷

[1] trinkreife Jahrgänge: S. 27;   [2] ideale Speisen zum Wein: S. 50;   [3] **fett** = Lagerfähigkeit von Riserva-Weinen

44

Vin Santo, der heilige Wein

Der alte Brauch der toskanischen Familien, nach der Ernte an einem luftigen Ort unter dem Dach Trauben zum Trocknen aufzuhängen und daraus, wenn die Beeren fast zu Rosinen geschrumpft sind, den übrig gebliebenen, süßen Saft abzupressen und vergären zu lassen, erlebt zur Zeit eine Auferstehung bei den Weinerzeugern, die darin ein interessantes Zusatzprodukt sehen.

Vin Santo, der Name erinnert an seinen Einsatz als Messwein, wird meist aus den weißen Sorten Trebbiano und Malvasia hergestellt. Er reift jahrelang in kleinen Fässchen, den Caratelli, auf den Dachböden. Im Sommer können die Temperaturen dort bis über fünfzig Grad ansteigen. Das führt zu einer Verdunstung, die aber gleichzeitig eine Verdichtung des Weines bedeutet.

Das Resultat ist denn auch eine fast ölige Konsistenz, eine oft üppige Süße und ein Alkoholgehalt von bis zu 17 Volumenprozent. Daher auch der Begriff Likörweine. Die Farbe variiert von Goldgelb bis Bernsteinbraun. Die Qualität ist sehr unterschiedlich; der Zufall regiert allzu oft bei der Herstellung. Trotzdem hat der Vin Santo in einigen wenigen Gebieten, auch im Chianti classico, DOC-Status erlangt.

Diese Elixiere sind ausgesprochene Dessertweine, schmecken köstlich zu Kuchen oder Gebäck aller Art, eignen sich aber auch zum stillen Genießen. In Italien werden sie deshalb auch mit dem schönen Namen »Meditationsweine« bezeichnet.

Vinsantaio heißt die Kammer auf den Gutsbetrieben, wo der Vin Santo während Jahren vor sich hinreift.

Wein-Typ	★	⚲¹	🍷²	🍾	❶
Vin Santo	★ – ★★★	würziges Bukett, süß, ölig, aromatisch	Dessert- und Meditationswein	4 – 10 Jahre	❷ – ❸

¹ trinkreife Jahrgänge: S. 27; ² ideale Speisen zum Wein: S. 50

Die kulinarischen Hochzeiten

Das Grandiose an der toskanischen Küche ist ihre Schlichtheit. Da gibt es weder Schwulst noch Schnörkel. Es scheint, als wäre alle Manieriertheit, alles Gekünstelte mit Katharina von Medici nach Frankreich exportiert worden, als sie nicht nur den König ehelichte, sondern zugleich die toskanische mit der französischen Küche vermählte – und damit den Grundstein zur Haute cuisine française legte.

Der Toskana blieb die schlichte Natürlichkeit, die Frische und die Güte der Grundprodukte. *Vino & olio*, Wein & Öl, sind ein unzertrennliches Paar. Jedes Weingut, das einige Olivenbäume besitzt, legt seinen ganzen Ehrgeiz darein, neben dem besten Wein auch das beste Öl zu erzeugen. *Extra-vergine* versteht sich, jungfräulich kaltgepresst. Und Produzenten wie Konsumenten schwören darauf, dass Olivenöl das gesündeste Produkt der Welt sei, gut für alles – und gut gegen alle möglichen Gebrechen.

Vino, olio & pane

Zusammen mit Wein und Öl bildet das Brot, das weiße, ungesalzene, die Dreifaltigkeit der toskanischen Speisung. Das Ritual der *Bruschetta* im November wird zum Trinitätsfest, das erstgepresste Öl des Jahres zum Sakrament. Das Rezept könnte simpler nicht sein: Man nehme eine Scheibe weißes Brot, frisch oder geröstet, einige Körnchen grobes Salz und gebe einen guten Schuss des jungen, grünen Olivenöls darüber. Wenn dann das Ganze noch von einem Gläschen jungen, kaum vergorenen Weins, dem Novello, begleitet wird, dann ist das die Seligkeit auf Erden.

Es gibt kaum ein toskanisches Weingut, das nicht auch den ganzen Stolz in sein eigenes Olivenöl legt.

Links: Zum Fasan in würziger Sauce harmoniert ein Chianti classico Riserva ebenso gut wie ein Super-Toskaner.

Das tägliche Brot der Toskana ist aus feinem, weißen Weizenmehl und ungesalzen, damit es zu pikanten Speisen nicht in Konkurrenz steht.

Die Vermählung von Essen und Wein

Essen und Trinken gehören zusammen wie Mann und Frau. Wenn sie sich ideal vermählen, so entstehen daraus wahre Hochzeiten der Genüsse. Zwar sehen die Toskaner die Wahl des Weins zum Essen nicht so eng. Rot, rosé oder weiß, das macht ihnen keine Kopfschmerzen – höchstens dann, wenn der Wein schlecht war. Sie unterscheiden bestenfalls zwischen leichten, gehaltvollen oder gewichtigen Weinen. Machen wir uns also die Sache auch nicht zu kompliziert.

Zu frischen weißen, rosé oder jungen roten Weinen

Zu den weißen Weinen schmecken natürlich alle Fische und alle Früchte des Meeres. In Livorno kennt man die *Caccuccio alla livornese*, eine pikante Fischsuppe mit viel Knoblauch. Miesmuscheln und kleine Venusmuscheln *(vermincelle)* findet man in den *Spaghetti alle cozze* oder *alle vongole*.

Ins Reich der einfachen Weine gehören die schmackhaften Suppen: die *Minestrone* (Gemüsesuppe), das Nationalgericht *Ribollita*, eine im Ofen überbackene Bohnensuppe mit Weißbrot, Gewürzen und Parmesan, die *Acquacotta* (zu deutsch: gekochtes Wasser) aus den Maremmen, eine mit Peperoncino und einem Ei angerichtete Tomatensuppe.

Auch die pikanten *Antipasti* (Vorspeisen) rufen nach frischen, leichten, vor allem Durst stillenden Weinen: Salami, frischer *Pecorino* (Schafkäse), dann die *Crostini*, jene köstlichen kleinen Toasts, die mit allerlei belegt sind, vorab mit Pasten aus Hühnerleber und Oliven.

Pecorino heißt der Schafkäse, der oft von sardischen Hirten erzeugt wird. Die Laibe gibt es von weich und frisch mit subtilem Geschmack bis hart und würzig gereift.

Zu den gehaltvollen Rotweinen

Beim *Primo piatto*, dem ersten Gang, scheiden sich die Weingeister noch. Weiterhin ein einfacher, fruchtiger oder bereits ein gehaltvoller Tropfen? Meist wird ja jetzt die Pasta aufgetischt. Selbst die Teigwaren sind rustikal in dieser Gegend: Die *Pici* sind dicke, feiste Spaghetti und die breiten *Pappardelle* (Bandnudeln) werden meist mit würzigen Fleischsaucen von Ente, Hase oder Wildschwein serviert. In diesem Fall fällt die Wahl doch besser auf einen kräftigeren Wein. Die gleiche Weinfrage, einfach oder gehaltvoll, stellt sich auch bei Gerichten wie *Trippa alla fiorentina* (Kutteln) oder *Ossobuco al verde* (Kalbshaxen), bei einem Suppenhuhn oder einem *Bollito misto* (gemischtes Gesottenes). Da lassen Sie am besten Ihre persönliche Vorliebe wählen. Eindeutiger wird die Wahl erst beim Fleisch: Der sonntägliche Kalbsbraten, der *Arista* (Schweinerückenbraten), das Ragout, die Lammkeule und auch Gegrilltes verdienen zweifellos einen gehaltvollen Rotwein.

Salame ist nicht nur eine Wurst, Salame ist ein Kult. Die besten Trockenwürste werden von wahren Meistern ihres Fachs in jeder Form und Variation handwerklich hergestellt.

Zu den großen, gewichtigen Weinen

Die Großen der toskanischen Weine verlangen nach fürstlichen Gerichten. Wie wär's mit einer *Bistecca alla fiorentina*, dem toskanischen T-Bone-Steak? Mit einem saftigen Rindsbraten, einem Roastbeef? Oder soll's etwas von der Jagd sein? Die Toskana ist reich an Wildschweinen – *Cinghiale*, so der italienische Name, findet sich in jeder Form auf mancher Speisekarte. Raffinierter noch ist das Federwild, zum Beispiel eine gefüllte Wildtaube, eine *Faraona* (Perlhuhn) oder gar ein *Fagiano* (Fasan).

Das gewichtige, weiße Chiana-Rind ist Lieferant des originalen Bistecca alla fiorentina, dem toskanischen T-Bone-Steak.

... und zu den Süßweinen?

Zum Vin Santo kommen das traditionelle Mandelgebäck und das *Panforte*, die Spezialität der Konditoren aus Siena, zu Ehren. Die kleinen Kekse, die *Biscotti di Prato* oder die *Cantucci*, werden dabei in die goldbraune, süß-würzige Essenz eingetaucht.

Welche Weine zu welchen Speisen?

Weintypen	Weine
Weißweine	Galestro (S. 43), Pitigliano (S. 43), Montecarlo bianco (S. 43), Vernaccia di San Gimigniano DOCG (S. 44)
Rosé/ junge Rotweine (Primeurs)	Rosato, Novello (S. 41)
Einfache Rotweine DOC	Chianti ohne Zonenbezeichnung (S. 32), Rosso di Montepulciano (S. 38), Rosso di Montalcino (S. 36), IGT-Weine (S. 24)
gehaltvolle Rotweine	Chianti superiore, Chianti mit Zonenbezeichnung, Chianti classico (alle S. 32 f.), Carmignano (S. 41), Morellino di Scansano (S. 40), Rotweine der Maremmen (Bolgheri, S. 40), Vino Nobile di Montepulciano (S. 38)
gewichtige Rotweine	Chianti classico Riserva (S. 34), Vino Nobile di Montepulciano Riserva (S. 38), Brunello di Montalcino und Riserva (S. 36), Super-Toskaner (S. 42)
Süßweine, Dessertweine	Vin Santo (S. 45), Moscadello di Montalcino (S. 36)

zur Wahl der Jahrgänge: siehe Trinkreife-Tabelle S. 27.

Klassische Toskaner-Küche*	Speisen generell	
Caccugio (pikante Fischsuppe), Aquacotta (Tomatensuppe), Trippa alla fiorentina (Kutteln), Spaghetti marinara (mit Mies- und Venus- müschelchen), Ossobucco al verde (Kalbshaxen)	Fischsuppen, Fischgerichte, Teigwaren mit Meeres- früchten, Gemüsegerichte, -pasteten, Eierspeisen, Omelettes, Geflügel, weißes Fleisch	
Antipasti (Vorspeisen), Crostini (toskanische Toasts), Salami, Pecorino, jung (Schafkäse)	gegrillte Fische, Wurstwaren, Charcuterie	
Minestrone (Gemüsesuppe) Fegatelli di maiale (Schweineleber), Crostini di fegato (Toasts mit Hühnerleber), Ribollita (dicke Bohnensuppe), Spaghetti carbonara, Porchetta (Spanferkel)	Nieren, Leber, Teigwaren aller Art, Minestrone (Gemüsesuppe)	
Bollito misto (gekochtes Fleisch), Papardelle alla lepre (breite Band- nudeln in Hasensauce), Arista (Schwei- nerückenbraten), Pollo allo diavola (Brathähnchen scharf gewürzt)	Pasta mit würziger Sauce, Kalbsbraten, Lammfleisch	
Bistecca alla fiorentina (Beefsteak), Cinghiale (Wildschwein), Fagiano (Fasan), Faraona (Perlhuhn)	Rindfleisch, Grillgerichte, Federwild, Wildbret, Wildschwein-Ragout	
Cenci (in Olivenöl gebackene Kringel, mit Puderzucker bestreut), Cantucci/Biscotti (Mandelgebäck), Panforte (Honig-Mandelbrot)	trockenes Mandelgebäck	

*Erklärungen zu toskanischen Gerichten auf S. 48/49.

Die schönsten Güter, die besten Weine

In der Toskana gibt es mehrere tausend selbst kelternde Weingüter, die Zehntausende von Weinen vermarkten. Allein im deutschsprachigen Raum dürften Tausende von toskanischen Weinen aller Typen und in allen Preislagen angeboten werden. Alle in diesem Guide aufgelisteten Güter erachten wir als zuverlässig und deren Weine als empfehlenswert.

Die Sterne führen zu den qualifizierten Gütern. Meist wird eine Bandbreite der offerierten Qualitäten angegeben. ★–★★★★★ bedeutet, dass dieses Gut vom ehrlichen Alltagswein bis zum absoluten Weltklasse-Wein alles erzeugt. Die Preiskategorien der Weine sind mit den bekannten Münzsymbolen ❶ – ❺ vermerkt. Was Qualität und Preiskategorien im Einzelnen bedeuten, sehen Sie auf S. 29.

Der Weinratgeber, der ständig aktuell bleibt

Natürlich ändert sich das Angebot ständig, die Qualität der Weine von Jahrgang zu Jahrgang. Um stets aktuell zu bleiben, bedient sich die Vinoteca des Internets. Dort steht eine Website zur Verfügung, die vom internationalen Weinmagazin Vinum unterhalten wird. Unter der Internetadresse www.vinoteca.falken.de finden Sie Resultate und Kommentare der neusten Verkostungen.

Weinauskunft auf Abruf

Wenn Ihnen das Netz der Netze noch ein Buch mit sieben Siegeln ist, können Sie aktuelle Verkostungsnotizen direkt anfordern bei: Vinum Verlag, Biebricher Allee 134, D-65187 Wiesbaden.
Intervinum AG, Klosbachstr. 85, CH-8030 Zürich.

Links: Castello di Brolio. Barone Bettino Ricasoli erfand hier den Chianti classico.

TOSKANA

Antinori ★–★★★★
Marchesi L.&P. Antinori, Florenz

Dieser über 600 Jahre alte Familienbetrieb ist das größte private Weinunternehmen Italiens. Der Pionier unter den Önologen Italiens, Giacomo Tachis, hat den Grundstein für eine Qualitätsproduktion gelegt. Selbst einfache Alltagsweine sind sehr zuverlässig. Weiß: Galestro ❶; Villa Antinori bianco ❷, Rosato ❶. Klasse sind die Chianti classici des Hauses: Villa Antinori ❷, Peppoli ❷, Tenuta Marchese Antinori ❸, Badia a Passignano ❸, Bei den IGT (früher Vini da tavola) stechen der preiswerte Santa Cristina ❶ – ❷ und die Paradeweine Antinoris, Tignanello ❺ und Solaia ❺ hervor.

Carpineto ★–★★★
Casa Vinicola Carpineto, Greve

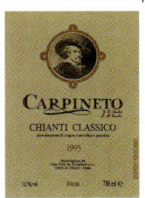

Ein toskanisches Weinhandelshaus, das erst 1967 gegründet wurde, aber in drei Jahrzehnten schon recht weit gekommen ist. Angeboten wird die ganze Palette toskanischer Weine vom Vernaccia di San Gimigniano ❶ bis zum Brunello ❸. Das Schwergewicht liegt allerdings auf dem Chianti classico, wobei die Riserva ❷ ein sicherer Tipp ist. Sehr gekonnt ist der IGT Farnito ❸ (Cabernet Sauvignon), sehr preiswert der exzellente Vino Nobile di Montepulciano ❷.

➜ Der Hinweispfeil führt zu weiteren Informationen über ein Gut oder einen Wein. Im Index auf Seite 78 finden Sie zum gesuchten Stichwort die entsprechende Seitenzahl.

Cecchi ★–★★★
Luigi Cecci & Figli, Castellina Scalo

Ein altbekanntes Haus, das in allen Regionen der Toskana Weine erzeugt. Am verbreitetsten sind seine einfachen, guten Chianti Cecchi ❶, renommiert seine klassischen Chianti Villa Cerna ❷ und Messer Pietro di Teuzzo ❸, hoch geschätzt sein Spargolo IGT ❸. Cecchi produziert ferner preiswerten Vino Nobile ❷, Brunello ❸ und den Vernaccia di San Gimignano »Montauto« ❶.

Frescobaldi ★–★★★★
Marchesi de' Frescobaldi, Florenz

Eines der drei großen, altehrwürdigen Weinhäuser der Toskana, das in neuster Zeit eine großartige Renaissance erlebt. Die Familie besitzt acht Weingüter und setzt ihren Ehrgeiz darein, nur Trauben aus eigenen Kulturen zu vinifizieren. Die Weine sind in ihren Kategorien allesamt mustergültig. Einfache Weine: Galestro Gazebo ❶, Novello Nuove Fiore ❶, Rosé di Corte ❶, Chianti Rèmole ❶. Gehobene Weine kommen aus den Gütern Castello di ➜Nipozzano, Tenuta di ➜Pomino und ➜Castelgiocondo in Montalcino. Dort reifte auch das Joint Venture mit der kalifornischen Weinlegende Mondavi, die Sangiovese/Merlot-Assemblage Luce ❺ und dessen kleiner Bruder Lucente ❸.

Ruffino ★–★★★
Chianti Ruffino, Pontassieve

Eine weltbekannte Marke für guten Chianti, der durch die italienischen Emigranten in alle Erdteile getragen wurde. Ruffino ist tatsächlich ein Name, auf den man sich (wieder) verlassen kann. Saubere, ehrliche Alltagsweine Chianti Ruffino ❶, Chianti Aziano ❶,

die Weißen Galestro ❶ und Libaio ❶ und der
Rosé Rosatello ❶. Anerkannt hochklassige
Weine sind der Chianti Santedame ❷; Cabreo Il
Borgo (Cabernet) ❸ und Cabreo La Pietra
(Chardonnay) ❷. Das Flaggschiff des Hauses ist
zweifellos der Chianti classico Riserva Ducale
❷, besonders in seiner Version Oro ❸, die nur
in den allerbesten Jahrgängen produziert wird.
Feste Standbeine hat das ehrwürdige Haus im
Besitze der Großfamilie Folonari auch im Chianti
classico (→Nozzole), in Montalcino (Greppone
Mazzi ❸), in Montepulciano (→Lodola nuova ❷)
sowie in San Gimignano.

Artimino ★–★★
Tenuta di Artimino, Artimino

Dieses traditionsreiche Gut
hat seinen Sitz in einer pompösen Medici-Villa und ist zugleich ein attraktives Hotel.
Nach einer unruhigen Zeit in
dem Betrieb zeigen die Weine
unter neuer Leitung steigen-
de Tendenz. Carmignano
DOCG ❷, Riserva Villa Medicea ❸, Barco Reale DOC ❷,
Chianti Montalbano ❶.

Capezzana ★–★★★
Tenuta di Capezzana, Carmignano

Das größte Gut der
kleinen DOCG-Zone. Die
»französische« Vergan-
genheit ist präsent in den
eleganten Weinen Car-
mignano DOCG ❸ und
Ghiaie della Furba IGT
(Cabernet/Merlot) IGT ❸.
Einfachere gute Weine sind Barco Reale DOC ❷
und der Rosé Vin Ruspo ❶. Sagenhaft: der
Vin Santo ❹.

Il Poggiolo ★–★★
Azienda agricola Il Poggiolo, Carmignano
Erzeugt die gesamte Palette der DOC und
DOCG der Zone in guter Qualität: DOCG Car-
mignano ❸, Barco Reale DOC ❷, Vin Ruspo
(rosé) ❶, Vin Santo ❷.

Aiola ★★–★★★
Fattoria dell'Aiola, Vagliagli

Eine alte Burg mit einer hoch-
modernen Kellerei, die fruchtige, warme, nicht allzu schwere
Chianti classico ❷ hervorbringt. Mächtig und wuchtig
die Riserva ❸ und der Rosso
del Senatore (100 % Sangiovese) ❸.

Albola ★–★★★
Castello d'Albola, Radda in Chianti

Ein großer 150-ha-Besitz der
Firma Gianni Zonin hoch
über Radda, bekannt für
einfachen, ehrlichen und
preiswerten Chianti classico
❶. Ein bis zwei Klassen
höher einzustufen sind die
IGT Acciaiolo (Sangiovese/Cabernet) ❸ und
der weiße Chardonnay Le Fagge ❷.

Ama ★★–★★★★★
Castello di Ama, Gaiole

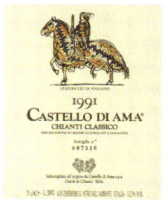

Ein Vorzeigegut im
Chianti, berühmt für seine
Lagenweine: Chianti
classici DOCG Bellavista,
San Lorenzo, La Casuccia,
Bertinga, alle ❸ – ❹.
Sehr beachtlich auch
seine IGT Merlot Vigna
l'Apparita ❹, Pinot nero Vigna Il Chiuso ❹.
Sehr ansprechend der weiße Chardonnay ❸;
verführerisch der Vin Santo ❹.

Badia a Passignano ★★★
Marchesi Antinori, Florenz

 Eine imposante, historische Abtei, deren Weingärten und Wein von Antinori mit besonderer Sorgfalt gehegt und gepflegt werden. Daraus geht der erstklassige Chianti classico Badia a Passignano ❷ hervor.

Borgo Scopeto ★★–★★★
Terre di Bindella, Castelnuovo Berardenga

 Dieses Landgut mit dem kleinen Dorf, 11 km von Siena entfernt, zählt zu den schönsten Anwesen des Chianti. Etwa ein Zehntel des 500-ha-Besitz von Elisabetta Gnudi-Angelini ist mit Reben bestockt. Unberührte, gesunde Urböden sind eine hervorragende Basis für die Zukunft. Produziert wird zur Zeit ein kerniger Chianti classico ❷ und eine aromatische, elegante Riserva ❸.

Brancaia ★★★–★★★★
Azienda agriocola La Brancaia, Castellina

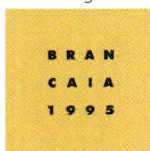 Dieses kleine Supergut, unlängst noch ein Hobby-Unternehmen des Schweizer Starwerbers Bruno Widmer und seiner Frau Brigitte, nabelte sich unlängst von seiner Amme, dem berühmten Castello di Fonterutoli, ab und erzeugt nun seine Spitzenweine in der eigenen Kellerei. Beispielhaft der Chianti classico DOCG ❷, fabelhaft der IGT Brancaia (Sangiovese/Cabernet/Merlot) ❸.

Brolio ★–★★★★
Castello di Brolio – Ricasoli/Gaiole

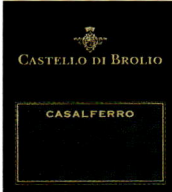 Wie Phönix aus der Asche ist dieses Stammschloss des modernen Chianti auferstanden und strebt neuen Höhen entgegen, nachdem es in den Achzigerjahren in den Tiefen der industriellen Massenweine gewildert hatte. Eine junge Generation der Ricasoli hat das Ruder entschlossen wieder in die eigenen Hände genommen und nutzt das immense Potenzial dieser Terroirs mit sehr viel Geschick. Der reinrassige Sangiovese Casalferro ❸ hat schon höchste Auszeichnungen eingeheimst und die beiden Chianti classici ❷ und Riserva ❸ gehören bereits wieder zu den besten der Zone. Neben diesen Spitzenweinen bringt der Betrieb auch eine Serie einfacher Weine (Chianti und Vernaccia di San Gimignano) ❶ unter der Marke Ricasoli auf den Markt.

Cacchiano ★★★
Castello di Cacchiano, Gaiole/Monti

 Eine tausendjährige Festung, eine legendäre alte Dame aus der Dynastie Ricasoli-Firidolfi sind die Kennzeichen dieses berühmten Weinguts, wo jetzt der Sohn Giovanni in die Fußstapfen seiner Mutter Elisabetta getreten ist. Viel bewundert sind der kräftige Chianti classico ❷, die noch komplexere Riserva ❸ namens Millennio und der 100-prozentige Sangiovese RF ❸.

Cafaggio ★★–★★★
Villa Cafaggio, Panzano/Greve

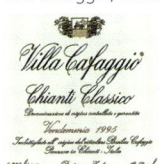 Ein ungarischer Emigrant namens Farkas kaufte das verkommene Weingut Ende der Sechzigerjahre und sein Sohn Stefano brachte es zu hohem Ansehen. Höchst bemerkenswert der feine Chianti classico ❷ und seine Riserva Solatio Basilica ❸. Klasse sind die beiden IGT aus Sangiovese und Cabernet Cortaccio ❹ und San Martino ❸.

Castagnoli ★★
Azienda agricola Castagnoli, Castellina

 Der deutsche Starfotograf Hans-Joachim Döbbelin hat auf diesem Adlerhorst seinen zweiten Beruf gefunden, dem er mit gleichem Einsatz nachgeht. Die kleine, feine Produktion wird faktisch zu 100 % in Deutschland unter der Hand verkauft. Sein köstlicher Chianti classico heißt Le Terazze ❸.

Cerna ★★–★★★
Villa Cerna: das Flaggschiff von ➔Cecchi (S. 54).

Coltibuono ★★–★★★★★
Badia a Coltibuono, Gaiole

 Eine uralte, romantische Abtei in den Wäldern über Gaiole mit einer ultra-modernen Kellerei. Ein Besuch lohnt sich nicht allein der Weine wegen, auch das exklusive Restaurant ist eine Reise wert. Der Sangioveto ❹ ist so ziemlich das Beste, was man aus der Sangiovese-Traube keltern kann. Der Chianti classico ❷ und insbesondere die Riserva ❸ sind sichere Werte.

Dievole ★–★★★
Fattoria di Dievole, Castelnuovo Berardenga

 Ein alter Weiler, von deutschen Händen zu einem Ferienzentrum umfunktioniert. Der Weinbetrieb unter dem jungen Mario Schwenn wird zunehmend besser und keltert solide, trinkreife Chianti classici. ❷ – ❸.

Felsina ★★–★★★★★
Fattoria di Felsina, Castelnuovo Berardenga

 Zweifellos eines der führenden Weingüter in der Toskana, dessen Weine vom italienischen Weinführer Gambero Rosso regelmäßig mit der Höchstnote von 3 Gläsern ausgezeichnet werden. Großartig der Chianti classico Rancia Riserva ❹ und der Super-Toskaner Fontalloro ❺. Hervorragend und preiswert der normale Chianti classico ❷. Produziert auch einen Klasse-Chardonnay, I Sistri ❸.

Zwölf der besten Weingüter

Diese Vinoteca-Selektion berücksichtigt Produzenten, die sich im letzten Jahrzehnt ständig an der Spitze behauptet haben.

Ama	★★ – ★★★★
Antinori	★ – ★★★★
Avignonesi	★ – ★★★★
Badia a Coltibuono	★★ – ★★★★
Biondi-Santi	★★★ – ★★★★★
Felsina	★★ – ★★★★★
Fonterutoli	★★ – ★★★★
Fontodi	★★★ – ★★★★★
Frescobaldi	★ – ★★★★
Poliziano	★★ – ★★★★
Querciabella	★★★ – ★★★★★
San Guido	★★★★ – ★★★★★

Fonterutoli ★★−★★★★
Castello di Fonterutoli, Castellina in Chianti

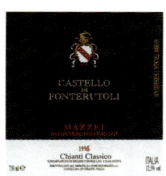

Eine tief in der Geschichte der Toskana verwurzelte Familie treibt an diesem historischen Ort seit sieben Jahrhunderten Weinbau. Der jüngsten Generation mit den beiden Brüdern Filippo und Francesco ist es zusammen mit dem Starönologen Carlo Ferrini gelungen, die Weine an die Spitze der toskanischen Gewächse zu führen. Chianti classico Fonterutoli ❸, Castello di Fonterutoli ❹ und der Merlot Siepi ❺ sind die Spitzenprodukte. Erstaunlich der saftige Morellino di Scansano ❷.

Fontodi ★★★−★★★★★
Azienda agricola Fontodi, Francesco Panzano, Greve

Das Gut der Familie Manetti ist seit Jahrzehnten ein, wenn nicht *der* Avantgarde-Betrieb für moderne toskanische Weine. Neben dem Chianti classico ❸ hat man auch importierte Rebsorten zu Spitzenweinen getrimmt, z. B. den Syrah Case Via ❹, den reinsortige Sangiovese Flaccianello della Pieve ❺ und sogar ein Spätburgunder Casa Via ❹ ist im Sortiment.

Gagliole ★★★
Antico Podere Gagliole, Castellina

Ein antikes Weingut voll im Saft. Ein kleines Paradies, das auf historischen Trockenmauer-Terrassen nach biologischen Grundsätzen eine kleine Produktion eines feinen Weins hervorbringt, den wunderbaren Gagliole rosso ❸.

Geografico ★−★★★
Agricoltori del Chianti Geografico, Gaiole

Dieser initiative Genossenschaftsbetrieb im Herzen des historischen Chianti-Gebiets ist heute in der ganzen Toskana aktiv und vertreibt neben ehrlichem Chianti classico ❷, einigen Gutsabfüllungen wie Contessa di Radda ❸ auch Vino Nobile ❷, Brunello di Montalcino ❸ und Vernaccia di San Gimignano ❷, Galestro ❶.

Grevepesa ★−★★★
Castelli di Grevepesa, Mercatale Val di Pesa

Diese Genossenschaft mit 177 Traubenlieferanten hat eine ganze Palette von Chianti classico auf beachtlichem Niveau: Castelgreve, Clemente VII, Vigna Elisa etc. ❶ – ❸. Der Spitzenwein Coltifredi ist ein reinrassiger, in der Barrique ausgebauter Sangiovese ❸.

Isole e Olena ★★★−★★★★
Fattoria Isole e Olena, Barberino Val d'Elsa
Paolo de Marchi ist ein in ganz Italien anerkannter Spitzenwinzer, dessen sämtliche Weine auf sehr hohem Niveau stehen. Namentlich sein Cabernet Sauvignon ❺ steht den besten Franzosen kaum nach und sein reinsortiger Sangiovese Cepparello ❹ ist Toskana pur. Spitze auch sein »normaler« Chianti classico ❸.

La Madonnina ★−★★★
Casa Vinicola Triacca, Strada in Chianti

Ein 100-Hektar-Betrieb in Schweizer Händen, bekannt für seinen umweltschonenden Rebbau, erzeugt einen guten, typischen Chianti classico ❷ und eine feine, raffinierte Riserva ❷.

Lamole di Lamole ★★
Greve

Seit das bedeutende venezianische Weinhaus Santa Margherita die Geschäfte führt, ist ein spürbarer Aufwärtstrend in der Weinqualität festzustellen. Guter Chianti classico ❷

Le Bocce ★–★★★
Le Bocce, Stefano Farina, Panzano

Ein beachtlicher Gutsbetrieb auf dem Weg nach oben. Die Weine werden von Jahr zu Jahr besser, allen voran der Vigna del Paladino IGT (100 % Sangiovese) ❸. Süffig und sauber der Chianti classico ❷, sehr komplex die Riserva ❸.

Le Chiantigiane ★–★★
Cantina Consorziate Le Chiantigiane, Tavernelle

Produziert und vermarktet entgegen dem Namen nicht nur Chianti, sondern vor allem einfachere IGT-Weine und Chianti ❶ aus der ganzen Toskana. Die besten Weine sind der Chianti classico Santa Trinità ❷ und seine Riserva ❷.

Lilliano ★★
Tenuta di Lilliano, Castellina in Chianti

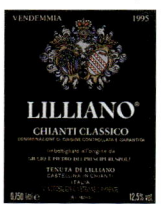

Ein sehr schöner Betrieb in einer der besten Lagen des Chianti, fast schon ein eigenes Dorf mit zahlreichen Unterkunftsmöglichkeiten für Feriengäste. Bekannt für solide, gute Chianti ❷ und kräftige, lagerfähige Riserva ❸.

Machiavelli ★★
Antica Fattoria di Sant'Andrea, San Casciano

Tief in der Tradition verwurzelt, gehörte einst dem scharfsinnigen Politiker und Schriftsteller Machiavelli, heute im Besitz des Gruppo Italiano Vino GIV. Romantische mittelalterliche Keller und ein gepflegtes Restaurant für toskanische Spezialitäten. Die Weine: gut die Chianti classico Fontal e ❷ und Riserva ❸, hervorragend der Ser Niccoló ❸.

Meleto ★★–★★★
Castello di Meleto, Gaiole in Chianti

Ein wahres Bollwerk des Chianti classico. Die imposante Burg, die romantischen Keller, die kleinen Gutshöfe für Urlaubszwecke und vor allem die Rebberge werden zur Zeit auf Vordermann gebracht. Die ersten Resultate sind überzeugend. Sehr süffiger Chianti classico ❷, eine hochwertige Riserva ❸ und als Spitzenwein der reinsortiger Sangiovese Fiore ❹. Toskana pur!

Melini ★–★★★
Azienda agricola Melini, Gaggiano, Poggibonsi

Ein Großbetrieb und eine bekannte, solide Marke des Gruppo Italiano Vino GIV, die nebst gutem Chianti classico Melini ❶ – ❷ und diversen, gehaltvollen Lagenchianti (u. a. I sassi ❷ La Selvanella ❷) mittlerweile auch Vernaccia di San Gimignano ❷, Vino Nobile ❷ und Brunello ❸ – ❹ erzeugt.

Monsanto ★★–★★★★
Castello di Monsanto-F. Bianchi, Barberino

Ein imposantes
Schloss aus dem
17. Jahrhundert mit
Blick auf die Türme
von San Gimignano.
Vater Fabrizio und
Tochter Laura er-
zeugen eine Palette
von beeindruckenden Weinen, bei denen selbst
die einfachen nicht abfallen. Chianti classico ❷,
Riserva ❸, Il Poggio ❷. Spitze sind Fabrizio
Bianchi Chardonnay ❸ und Sangiovese ❸ – ❹.

Nozzole ★★–★★★
Tenimenti Agricoli Valdigreve, Fattoria Nozzole,
Greve

Das bedeutende Standbein der →Ruffino-Fami-
lie Folonari im Herzen des Chianti classico.
Bearbeitet werden über 100 ha teils noch sehr
alter Reben. Das Zukunftspotenzial dieses
Betriebs ist enorm. Guter Chianti classico ❷,
grandioser Lagen-Chianti La Forra ❸.

Pagliaresi ★–★★★
Fattoria dei Pagliaresi, Castelnuovo Berardenga

Eines der ältesten Güter der Gegend, das auch
Urlauber beherbergt. Trotz großer Produktion ist
Pagliaresi bekannt für makellose, subtile Weine.
Chianti Colli senesi ❶, Chianti classico ❷; führt
zudem Vernaccia di San Gimignano ❶ und
Brunello di Montalcino ❹ im Sortiment.

Peppoli ★★
Azienda agricola Peppoli, Mercatale Val di Pesa

Weingut von →Antinori in einer
der anmutigsten Gegenden des
Chianti classico. Das Gut umfasst
rund 100 ha, 60 davon stehen
unter Reben. Hier produziert Antinori einen modernen Chianti der
neuen Generation: Peppoli ❷.
Der Wein zeichnet sich aus durch
fruchtige Frische und subtile Eleganz.

Piccini ★–★★
Gestione Piccini, Piazzole, Castellina in Chianti

Eine der größten
privaten Kellereien der
Toskana mit 100jähri-
ger Tradition als Han-
delshaus. Die breite
Produktionspalette
umfasst solide, preiswerte Weine, Rosso und
Bianco della Toscana ❶, grundehrliche Chianti ❶
und beachtliche Chianti classico ❷.

Querceto ★★–★★★
Castello di Querceto, Lucolena

Inmitten von Eichen- und
Kastanienwäldern ein
romantisches, schön
restauriertes Schloss mit
Ferienwohnungen. Die
ursprünglich französische
Familie François pflegt die
typischen, toskanischen
Weine mit viel Hingabe. Feiner Chianti classico
❷, exzellente Riserva Il Picchio ❸, ein klassi-
scher, reinrassiger Sangiovese La Corte ❹.

Querciabella ★★★–★★★★★★
Agricola Querciabella, Loc. Ruffoli, Greve

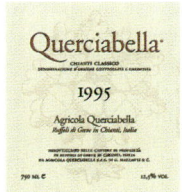

Aus den Nichts zu
einem der ersten
Musterbetriebe des
Chianti geworden,
sowohl für klassische
toskanische, wie für
international geprägte
Weine. Ein sicherer
Wert für Spitzen-Chianti classico ❸ und Riserva
❹, absolut Top die Paradeweine Camartina
(Sangiovese/Cabernet) ❹ und der weiße
Bâtard ❹.

Rampolla ★★★–★★★★
Castello di Rampolla, S. Lucia, Panzano, Greve

Ein etwas verwunschener Betrieb. In altehrwürdigen Gemäuern werden Weine erzeugt, die zu

den besten des Chianti gehören. Sehr elegante Chianti classico und Riserva ❷ – ❸, von internationalem Niveau die Cabernet-geprägte Sammarco und Alceo ❹ – ❺.

Rietine ★★–★★★
Fattoria di Rietine, Gaiole in Chianti

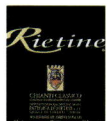

Ein altes, intaktes Dörfchen hoch oben in den Hügeln, ein kleines Gut mit Spitzenlagen und ein dem Gaumen sehr gefälliger Chianti classico ❷.

Ricasoli
Barone Ricasoli, Gaiole →Brolio

Rocca delle Macìe ★–★★★
Rocca delle Macìe, Castellina in Chianti

Im Besitz des erfolgreichen italienischen Filmproduzenten Sergio Zingarelli; ist mit 300 ha Weinland und Luxusherbergen für Urlauber, einer der großen Betriebe des Chianti. Exportiert seine Weine in 47 Länder: guter Chianti classico ❷, hoch stehende Riserva di Fizzano ❹, famos der reinsortige Ser Gioveto ❹. Daneben sind praktisch alle Weintypen der Toskana im Sortiment.

Rocca di Castagnoli ★–★★★
Azienda agricola Rocca di Castagnoli, Gaiole

Ein imposanter antiker Burgweiler aus dem 11. Jahrhundert, 240 ha beste Lagen in der Höhe oberhalb Gaiole und ultramoderne Kellereinrichtungen bürgen für authentischen Chianti classico ❷ und raffinierte Riserva Capraia ❸ und Poggio a'Frati ❸.

San Felice ★★–★★★★
Agricola San Felice, San Gusmé, Castelnuovo Berardenga

Ein sehr bedeutender, innovativer Musterbetrieb mit Luxusherberge (Relais & Châteaux) im Besitz der Allianz-Versicherungs-Gruppe. Interessant das Vitiarium, eine Rebanlage mit mehreren hundert, teilweise aussterbenden Sorten. Sehr guter Chianti classico San Felice ❷, hervorragende Riserva Il Grigio ❸ und Poggio rosso ❸ neben vielen andern Weintypen. Produziert auch einen renommierten eigenen Brunello di Montalcino →Campogiovanni ❹.

San Leonino ★–★★★
Fattoria San Leonino, Castellina in Chianti

Gehört zusammen mit →Trerose, Vino Nobile und →Val di Suga, Brunello zum Besitz der Pharma-Gruppe Angelini, die seit einigen Jahren gewaltige Investitionen in eine optimale Weinproduktion tätigt. Die Resultate sind überzeugend: schöner Chianti classico ❷ und bestechende Riserva ❸.

Terrabianca ★★–★★★
Fattoria Terrabianca, Loc. San Fedele, Radda

Das ehrgeizige Projekt des Quereinsteigers Roberto Guldener wird nicht zuletzt dank gekonntem Marketing und Verpackungs-Design immer erfolgreicher. Das Resultat sind: einwandfreier, sauberer Chianti classico, sehr komplexe Riserve Vigna della Croce ❹ und Piano del Cipresso ❹.

Uzzano ★–★★
Castello di Uzzano, Greve in Chianti

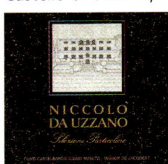

Pittoreske Burg aus dem 14. Jahrhundert. seit 1644 im Besitz der Conti Masetti. Korrekter Chianti classico ❷ und gehaltvolle Riserva ❸.

Valtellina ★★★–★★★★
Fattoria Valtellina, Loc. Rietine, Gaiole

Kleines Topgut auf den Höhen von Gaiole. Zwei junge Weinfreaks, ein Deutscher und ein Schweizer, haben es in wenigen Jahren dank akribischer Arbeit an die Spitze getrieben. Kräftige, elegante Weine, Chianti classico Giorgio Requi ❷, Riserva ❸, Convivio (Sangiovese/Cabernet) ❹.

Verrazzano ★★★
Castello di Verrazzano, Greve in Chianti

Ein beachtlicher Betrieb der ganz auf authentische Toskaner-Weine setzt. Chianti classico ❷ mit prächtigem Bukett, begeisternd elegante Riserve ❸ und ein Spitzen-Sangiovese (100 %) Sasselo ❹.

Vicchiomaggio ★★–★★★
Tenuta e Castello di Vicchiomaggio, Greve

Das imposante Schloss bewacht sozusagen die Zufahrt zum Marktflecken Greve und zum Grevetal. Bereits 1966 wurde es von der englischen Weinhandelsfamilie Matta gekauft. John Matta, ein ausgebilde-

ter Weintechniker, hat die Produktion mit bemerkenswerten, zuverlässigen Chianti classici ❷ gut im Griff. Hervorragend die Riserva ❸ und der Paradewein Ripa delle More ❹.

Vistarenni ★★
Fattoria di Vistarenni, Gaiole in Chianti
Die spektakuläre Fassade des pompösen Palasts aus dem 16. Jahrhundert. ist auf der Straße von Radda nach Gaiole unübersehbar. Seit kurzem ist das Weingut wie →Lamole in den Händen des Weinriesen Santa Margherita, nicht zum Schaden der erzeugten Weine. Der Chianti classico ❷ ist eher einfach und süffig, die Riserva ❸ leicht und elegant, das Flaggschiff Codirosso ❹ dagegen bemerkenswert konzentriert.

Volpaia ★★★
Fattoria Castello di Volpaia, Radda

Das Schmuckstück eines sorgfältig restaurierten befestigten Weilers ist allein schon den Ausflug wert. Die Weine sind es ebenso: ein unverkennbar, typischer Chianti classico ❷, eine Riserva ❹ mit eleganten Aromen, zwei Spitzenweine Coltassala ❹ (100 % Sangiovese) und eine Sangiovese/Cabernet-Assemblage Balifico❹.

CHIANTI, WEITERE

Farneta ★★
Tenuta Farneta, Sinalunga,
Chianti Colli senesi DOCG
Im Niemandsland zwischen Chianti classico und Vino Nobile di Montepulciano erzeugt dieser große Betrieb einfache, ehrliche Chianti ❶ – ❷, einen süffigen Rosato ❶ und einen gefälligen Farneta bianco ❶. Ehrgeiziger und hohen Ansprüchen genügend sind die reinen Sangiovese Bentivoglio ❷ und der Paradewein Bongoverno ❹.

Farnetella ★★★
Castello di Farnetella, Sinalunga,
Chianti Colli senesi DOCG

Das zweite Bein der berühmten Fattoria di Felsina im nahen Castelnuovo Berardegna kommt in punkto Weinqualität langsam, aber sicher auf das Spitzenniveau des berühmten Schwesterbetriebs aus dem Chianti classico. Chianti Colli senesi ❷, aromatischer Sauvignon blanc ❸ und ein Paradewein Poggio Granoni ❹ auf Sangiovese-Basis.

Modanella ★★–★★★
Castello di Modanella, Loc. Serre, Rapolano Terme, Chianti Colli Senesi DOCG
Ein Märchenschloss aus dem 14. Jahrhundert mit vielen kleinen Höfen auf dem Grundbesitz, die als Urlaubs-Appartements genutzt werden können. Das Gut wird seit Jahren biologisch bewirtschaftet und bringt interessante, sortenreine Weine hervor: Poggio l'Aiole ❷ (Canaiolo), Poggio Elci ❶(Malvasia, weiß), Campo d'Aia ❸ (Sangiovese), Le Voliere ❸ (Cabernet Sauvignon).

Nipozzano ★★–★★★★
Castello di Nipozzano, Marchesi de'Frescobaldi, Pelago, Chianti Rúfina DOCG

Das Castello ist das Wahrzeichen der Frescobaldi-Dynastie. Seine Weine haben Rasse und Klasse, sind aber in der Jugend oft etwas hart und nicht immer ganz leicht zugänglich. Der Chianti Rúfina ❷ ist gut und preiswert, die Riserva Montesodi ❹, die nur in ausgezeichneten Jahren gekeltert wird, ist ein Rassepferd.

Sant'Anna ★★
Villa S. Anna, Loc. Abbadia, Montepulciano,
Chianti Colli Senesi DOCG
Zu Füßen des Hügels von Montepulciano wirken Mutter und Tochter der Familie Ruggeri Fabroni nach biologischen Grundsätzen. Ihre Weine: ein herzhafter, warmer Chianti ❷ ein Barrique-Wein Vallone ❸; seit kurzem produzieren sie auch einen viel versprechenden Vino Nobile di Montepulciano ❷.

Selvapiana ★★★–★★★★
Fattoria Selvapiana, Pontassieve,
Chianti Rúfina DOCG

Zusammen mit Castello di Nipozzano der führende Betrieb in dieser kleinen, rauen Ursprungszone. Der Chianti Rúfina ❷ ist wunderbar fruchtig, oft auch recht säurebetont. Die Riserva ❹ und besonders die Riserva Bucerchiale ❹ sind ausgesprochen Lagerweine und bringen nach Jahren der Reife eine wunderbare Eleganz hervor.

Sonnino ★–★★★
Barone di Renzis, Castello di Sonnino, Montespertoli, Chianti Montespertoli DOCG

Dieses Schloss auf den Hügeln südlich von Florenz ist einer der besten und innovativsten Betriebe der neuen Chianti Appellation Montespertoli DOCG. Produziert werden ein ehrlicher, gefälliger Chianti ❶ – ❷, der gehaltvoll, harmonische Cantinino ❸ und der wuchtige Sanleone ❸.

MONTALCINO

Altesino ***
Azienda agricola Altesino, Loc. Torrenieri, Montalcino
Eine der größeren und besseren Erzeuger im Olymp des Weins. Der Palazzo Altesino ist ein architektonisches Schmuckstück und der fortschrittliche Weinbetrieb von rund 25 ha ist es ebenso. Brunello ❹ und der Lagenbrunello Montosoli ❺, Rosso di Montalcino ❷.

Argiano ***
Tenuta di Argiano, Sant'Angelo, Montalcino

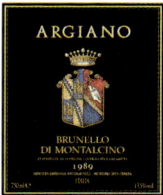

Im Besitz eines Zweigs der Piemonteser Vermuth-Familie Cinzano. Das zuverlässige, konstante Gut im Süden von Montalcino bringt solide Brunelli ❹ von guter Konzentration hervor.
Bestechend potent oft die Riserva ❺, gefällig der Rosso ❷.

Banfi ★−★★★★
Castello Banfi, Castello di Poggio alle Mura, Montalcino

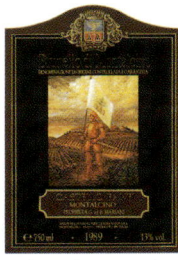

Nach dem Verkauf der Besitzungen des einstigen Castello di Poggio alle Mura an die amerikanischen Weinimporteure Mariani ist hier einer der größten und erfolgreichsten Weinbetriebe Italiens entstanden. Heute sind 700 ha mit Reben bestockt. Die Weine sind mustergültig, technisch perfekt gemacht. Das gilt für die einfachen Weißweine ❶ – ❷, den Rosso di Montalcino ❷ wie für den wuchtig-eleganten Brunello Castello Banfi ❹ oder Lagen-Brunello Poggio all'Oro ❺. Entsprechend der Ausrichtung auf den Export huldigt Banfi

zudem auch dem internationalen Weinstil mit den Edelsorten Cabernet Sauvignon, Merlot, Syrah und den Weißen Chardonnay (Fontanelle ❸) und Sauvignon.

Barbi ★★−★★★
Fattoria dei Barbi, Loc. Podernovi, Montalcino

Eine Fattoria alten Stils, auf welcher noch heute die ganze Palette toskanischer Agrarprodukte hergestellt wird: Wein, Weizen, Olivenöl, Schafkäse, Schinken, Salami usw. Und all das kann in der eigenen Taverne verkostet werden. Die Weine von Barbi sind gehaltvoll solide und rustikal. Brunello ❹; Rosso di Montalcino ❷, Brusco dei Barbi IGT ❹.

Biondi-Santi ★★★−★★★★★
Il Greppo, Montalcino

Das Gut ist die eigentliche Wiege des Brunello und die Familie Biondi-Santi die Pioniere dieses italienischen Paradeweins. Hier werden Weine produziert, die erst nach Jahren und Jahrzehnten ihre Genüsse offenbaren. Kein Wunder, dass zur Zeit umstritten ist, ob die noch sehr harten, verschlossenen jüngsten Jahrgänge je die Größe der Biondi-Santi-Weine aus den Jahrzehnten zuvor erreichen werden (S. 37). Beweisen lässt sich das erst im 3. Jahrtausend. Viele dieser grandiosen Jahrgänge sind auf dem Gut noch erhältlich. Allerdings zu astronomischen Preisen. Die neuere Produktion: Rosso di Montalcino ❸, Brunello Biondi-Santi ❺ und Riserva ❺.

Campogiovanni ★★–★★★
San Angelo in Colle, Montalcino

Guter Brunello ❹ und
Riserva ❺ ➙San Felice

Caparzo ★★★
Tenuta Caparzo, Loc. Torrenieri, Montalcino

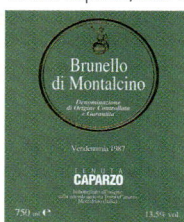
Mustergut mit Reb-
gärten im Norden und
Süden von Montal-
cino, erzeugt sehr
saubere Weine auf
höchstem Niveau.
Gefällig der Rosso di
Montalcino ❷ – ❸,
höchst imposant
der Brunello ❹ und speziell der Brunello
La Casa ❺. Ferner im Angebot ein gelunge-
ner Weißwein von internationalem Zuschnitt:
Le Grance ❷.

Castelgiocondo ★★★
Marchesi di Frescobaldi, Montalcino

Das große, über 200 ha
Reben umfassende Wein-
gut der omnipräsenten
Adelsfamilie ➙Fresco-
baldi produziert hier
einen hochstehenden
Brunello ❹ und den
guten Rosso di Montal-
cino Campo ai Sassi ❷ – ❸. Auf diesem Gut
wird zudem der im Joint Venture mit dem kalifornischen Spitzenerzeuger Mondavi kreierte
Super-Toskaner Luce ❺, eine Sangiovese/
Merlot-Assemblage, erzeugt.

Col d'Orcia ★★★
Tenuta Col d'Orcia, Sant'Angelo in Colle,
Montalcino
Ein wunderschönes Gut, das einen Besuch mehr
als wert ist. Es ist im Besitze der Familie Cin-
zano, die hier bedeutende Investition in den
Rebbergen und in der Kellerei getätigt hat.
Die Weine haben durchwegs Niveau: Rosso di
Montalcino ❷, Brunello Poggio al Vento ❺,
Chardonnay Ghiaie ❸, Moscadello di Mont-
alcino ❹. Mit dem Olmaia ❹ einem puren
Cabernet Sauvignon, beweist Col d'Orcia, dass
die Bordeaux-Edelsorte auch im Innern der
Toskana prächtige Resultate erbringen kann.

Nardi ★★–★★★
Tenute Silvio Nardi, Casale del Bosco,
Montalcino

Ein Gut, das in der jungen
Generation fest in Frauen-
hand ist. Emilia Nardi ist die
Tochter des verstorbenen
Gründers und mit großer
Begeisterung dabei, die
Weine an die Spitze von
Montalcino zu führen.
Hervorzuheben: Rosso di Montalcino ❷,
Brunello ❹.

Pieve Santa Restituta ★★★★
Pieve di Santa Restituta-Bellin, Montalcino
Der Brückenkopf des weltberühmten piemonte-
sischen Weinunternehmers Angelo Gaja, der
zusammen mit dem bisherigen Besitzer Bellini
eine Partnerschaft eingegangen ist. Die Weine
sind hoch stehend und kostspielig: Brunello di
Montalcino ❺, Chiesa di Santa Restituta ❺.

Poderina ★★
Tenuta La Poderina-Saiagricola, Castelnuovo
dell'Abate, Montalcino
Einer der Saiagricola-Betriebe, der von der
Fattoria del ➙ Cerro in Montepulciano aus
geführt wird. Gute, zuverlässige Weine: Rosso
di Montalcino ❷, Brunello ❹.

Poggio Salvi ★★–★★★
Il Greppo, Montalcino

Dies ist das Gut, das Jacopo Biondi-Santi (der Sohn von Dottore Franco auf Il Greppo) mit viel Geschick betreut. Seine Weine sind weniger archaisch und moderner als diejenigen seines Vaters: Brunello ❹, Rosso di Montalcino ❷ Sassoaloro IGT ❸.

Poggione ★★★–★★★★
Il Poggione, San Angelo in Colle, Montalcino

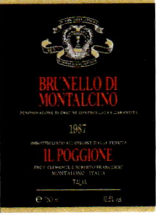

Von diesem Gut ging unter Leitung des verdienten Önologen Pierluigi Talenti in den Sechzigerjahren die Renaissance des Brunello aus. Auf Poggione erzeugt man authentische, charaktervolle Weine, wobei selbst der würzige Rosso di Montalcino ❷ manchen hoch angesehenen Brunello in den Schatten stellt. Der in der Jugend manchmal etwas rauhe, verschlossene Brunello ❹ reift mit den Jahren zu eleganter, wuchtiger Harmonie. Eines der besten Preis-Wert-Verhältnisse in Montalcino.

Salvioni ★★★★★
Fattoria Cerbaiola, Giulio Salvioni, Montalcino
Giulio Salvioni ist der neue Star unter den Brunello-Produzenten. Sein kleiner Betrieb erzeugt jährlich nur einige tausend Flaschen – aber was für welche! Sie sind so rar, dass die Kenner jeden Preis für einen Brunello Salvioni ❺ bezahlen.

Val di Suga ★★★
Azienda agricola Val di Suga, Montalcino

Dieser junge, kaum zwanzigjährige Betrieb im Norden des Weinolymps mit Rebbergen in den besten Lagen gehört zu den Avantgardisten des Brunello. Es gehört heute zum Trio der Gruppo Angelini (➙San Leonino, ➙Trerose). Die Weine sind vom Feinsten, was es an Brunello gibt ❹, insbesondere die Lagenweine Vigna del Lago ❺ und Vigna Spuntali ❺. Guter Rosso di Montalcino ❷.

MONTEPULCIANO

Avignonesi ★–★★★★
Gebrüder Falvo, Montepulciano

Die Brüder Falvo sind gewissermaßen zum Zugpferd der Region geworden. In zwanzig Jahren haben sie sich zu einem der führenden Weinhäuser Italiens hinauf gearbeitet. Der Sitz des Hauses ist der historische Avignonesi-Palast in Montepulciano. Die Besitzungen erstrecken sich übers ganze Gebiet des Vino Nobile – und darüber hinaus. Die Palette der Weine ist äußerst vielseitig und qualitativ hoch stehend. Ihr Vino Nobile ❷ ist einer der besten überhaupt und sein kleiner Bruder, der Rosso di Montalcino ❷, fällt keineswegs ab. Interessant der Merlot Desiderio ❹, der Chardonnay Marzocco ❸, der Super-Toskaner Grifi ❸. Besonders gepflegt und legendär ist der Vin Santo ❹.

Cerro ★★–★★★

Fattoria del Cerro, Saiagricola, Acquaviva, Montepulciano

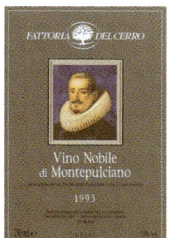

Saiagricola ist eine Tochter des Versicherungskonzerns SAI und umfasst fünf Agrarbetriebe, darunter eine Reisfarm in der Po-Ebene. Mit großen Investition ist der innovative Betrieb auf Hochform getrimmt worden, entsprechend gut (und preiswert) sind der Rosso ❷ der Vino Nobile ❷ und seine Riserva ❸.

Contucci ★★

Azienda agricola Contucci, Montepulciano

Eine alteingesessene Adelsfamilie in Montepulciano stellt heute mit Alamanno den umsichtigen Präsidenten des Vino-Nobile-Konsortiums. Wunderschön romantische, alte Gewölbekeller im Familienpalast am Domplatz der Stadt. Traditioneller, guter Vino Nobile ❷ – ❸ und feiner Vin Santo ❸.

Fassati ★–★★

Gruppo Fazi-Battaglia, Montepulciano

Diese altehrwürdige Chianti-Haus wurde 1969 vom großen Verdicchio-Produzenten (bekannt geworden durch die Amphora-Flasche) übernommen. Der Schwerpunkt wurde nach Montepulciano verlegt, neue Rebberge gekauft und eine moderne Kellerei gebaut. Guter Nobile di Montepulciano ❷ und der süffiger Rosé Spigo ❶ – ❷ sind die beiden Hauptweine der Produktion im Gebiet der Toskana.

Lodola nuova ★★–★★★

Azienda agricola Lodola nuova, Valiano, Montepulciano

Dieses gepflegte Gut ist der Brückenkopf von →Ruffino in der südlichen Toskana. Ein sicherer Wert für Vino Nobile ❷.

Poliziano ★★–★★★★

Azienda agricola Poliziano, Montepulciano

Ein für toskanische Begriffe junger Betrieb, der von Federico Carletti zu einem sehr effizienten Vorzeigegut aufgebaut wurde. Der Vino Nobile ❷ – ❸ ist absolute Spitze, der Vigna del Asinone ❸ ganz besonders. Preisgekrönte Paradeweine sind: Elegia ❹ und Le Stanze ❹. Die einfacheren Weine, der Rosso di Montepulciano ❷ und der Chianti Colli Senesi ❶ – ❷ sind ihren Preis mehr als wert.

Terre di Bindella ★★–★★★

Podere Vallocaia, Loc. Argiano, Acquaviva, Montepulciano

Der Schweizer Weinhändler Rudi Bindella hat sich schon in den achtziger Jahren in der Toskana festgesetzt und viel zur steigenden Bekanntheit des Vino Nobile beigetragen. Das Niveau der Weine ist hoch. Der Vino Nobile ❷ ist raffiniert elegant, der in der Barrique ausgebaute Vallocaia ❹ von samtiger Textur.

Trerose ★–★★★
Tenuta Trerose, Valiano, Montepulciano

Das größte Gut der Gruppo Angelini ist zugleich ein großes, schönes Urlaubszentrum in der Nähe des Lago Trasimeno. Die Weine verbessern sich unter der neuen Leitung von Jahr zu Jahr. Guter bis sehr guter Vino Nobile ❸, besonders La Villa ❹. Bemerkenswerter Vin Santo ❸ – ❹.

Vecchia Cantina ★–★★
Cantina del Redi, Montalciano

Diese Genossenschaft ist das größte weinwirt-

schaftliche Unternehmen der Zone. 450 Mitglieder vertrauen der Cooperativa ihre Ernte an, 74 liefern die Trauben für den Paradewein, den Nobile ❷, der in der Cantina del Redi in der alten Stadt höchst spektakuläre, unterirdische Keller hat, deren Besuch sich wirklich lohnt. Im Verkauf auch eine Reihe sehr preiswerter anderer Weine, darunter Chianti Colli Senes ❶ – ❷ und Rosso di Montepulciano ❶ – ❷.

DIE WEINE DER KÜSTE

(DOC Bolgheri, DOC Val di Cornia, DOC Morellino di Scansano)

Banti ★★–★★★
Erik Banti, Fosso dei Mulini, Scansano (Grossetto)

Erik Banti entdeckte als einer der Ersten das Potenzial der Maremma und er ist zweifellos der Weinpionier dieser Gegend. Der Aufstieg des Morellino di Scansano und der Maremma-Weine

überhaupt ist zu einem schönen Teil ihm zu verdanken. Seine Gewächse sind gute Beispiele der fruchtigen, saftigen Weine, welche aus dieser Zone kommen können. Morellino Banti ❷, Riserva ❸, Aquilaia ❸ und Ciabatta ❸.

Belvedere ★–★★★★
Tenuta Belvedere, Marchesi Antinori, Bolgheri

Das Küstengut der großen Weinhandelsfamilie →Antinori. Hier werden vorwiegend französische Traubensorten kultiviert. Von hier kommen süffige Rosato-Weine, wie der Scalabrone ❷, aber auch der grandiose Cabernet Guado al Tasso ❹.

Moris Farms ★★–★★★
Cantine-Fattorie Moris Farms, Loc. Curanuova, Massa Marittima

Eigentlich sind es zwei Betriebe, einer bei Massa und einer in der Gegend von Scansano. Der beste Wein ist der Avvoltore ❸, eine Mischung aus Sangiovese, Cabernet und Ciliegiolo. Daneben aber wird eine ganze Palette anderer guter Produkte erzeugt: Morellino di Scansano ❷, Rosato Santa Laura ❶ – ❷, Sinfonia ❸, ein Dessertwein aus Ansonica-Trauben.

Ornellaia ★★★–★★★★
Tenuta del Ornellaia, Bolgheri, Castagneto Carducci

Der Bruder des großen Piero Antinori geht seinen eigenen Weg. Inspiriert vom kalifornischen Weinpionier André Tchelistcheff hat Lodovico an der Küste eine Hightech-Kellerei von kalifornischen Dimensionen realisert. Er setzte dabei ausschließlich auf die französischen Sorten, die zu Höchstpreisen vermarktet werden: Massetto ❺ ist ein reinsortiger Merlot, Ornellaia ❺ ein Cabernet Sauvignon und Poggio alle Gazze ein duftiger Sauvignon blanc ❸.

Le Pupille ★★–★★★
Fattorie Le Pupille, Loc. Pereta, Magliano
Das Gut erzeugt wohl den unbestritten besten und köstlichsten Morellino di Scansano ❷. Der Paradewein ist der Cabernet-geprägte Saffredi ❹. Gute Weißweine Poggio Argentato ❸ und ein sehr viel versprechender, feiner Süßwein Solalto ❷.

San Guido ★★★★★
Tenuta San Guido, Bolgheri, Castagneto Carducci

Ein Gut – ein Wein. San Guido ist die Heimat des berühmten Sassicaia ❺, des Vaters aller Super-Toskaner, der heute allerdings kein Vino da tavola mehr ist, sondern zur neuen DOC Bolgheri gehört. Die 30 ha sind ausschließlich mit Cabernet Sauvignon und Cabernet franc bepflanzt.

Satta ★★★
Azienda agricola Michele Satta, Castagneto Carducci
Dieses kleine Gut hält die Ehre der toskanischen Weintradition bei Bolgheri aufrecht. Hier werden vor allem Sangiovese, Canaiolo und Colorino für Rotweine und Trebbiano und Vermentino für Weißweine angebaut. Satta ist auf dem besten Weg, zu den Großen der Gegend aufzuschließen – und sie vielleicht zu überholen: Bolgheri rosso Piastraia ❸, Bolgheri bianco ❷ und Vermentino ❸, Bolgheri rosato ❶ – ❷.

Tua Rita ★★★
Tua Rita, Notri, Suvereto
In der neu anerkannten Ursprungszone Val di Cornia setzt dieses Gut eindeutig die Maßstäbe – und zwar hoch. Tua Rita beweist nach Sassicaia und Ornellaia die Eignung dieser Terroirs für die Bordeaux-Reben. Redigaffi ❺ (Merlot), Giusto di Notri ❹ (vorwiegend Cabernet). Doch der Sangiovese Perlato del Bosco ❸ steht den beiden »Franzosen« kaum nach.

MONTECARLO

Buonamico ★★
Fattoria del Buonamico, Montecarlo/Lucca
Ein gutes Beispiel, dass hier in der kleinen DOC Montecarlo sehr gefällige Weiß- und Rotweine reifen können. Das repräsentativste Weingut der Zone hat in den letzten Jahren viel in die Rebgärten und in die Kellerei investiert. Die besten Weine sind der Rosso di Cercatoio ❸ und der üppige Weißwein Vasario ❷. Der einfache Montecarlo bianco ❶ – ❷ ist zuverlässig und günstig.

POMINO

Pomino ★★–★★★★
Tenuta di Pomino, Marchesi de'Frescobaldi, Florenz

Diese Ursprungszone ist gewissermaßen ganz in den Händen Frescobaldi, die praktisch das Monopol auf die DOC Pomino haben. In dieser Höhenlage gedeihen seit alters her Weine von feinster Aromatik. Im 19. Jahrhundert bereits wurden hier die edelsten französische Sorten kultiviert. Sehr interessante, aber auch rare Weine: Pomino rosso ❸ (Sangiovese/Cabernet/Merlot/Spätburgunder), Pomino bianco ❷ – ❸ (Weißburgunder/Chardonnay), Il Benefizio ❹ (im Fass gereifter Chardonnay mit Weißburgunder), Pomino Vin Santo ❹.

SAN GIMIGNANO

Casale-Falchini ★−★★★
Azienda agricola Casale-Falchini,
San Gimignano

Riccardo Falchini ist einer der Avantgardisten von San Gimignano. Sein normaler Vernaccia ❷ ist sehr gefällig und die barriquegereifte Riserva Vigna a Solatio ❸ hat ein bemerkenswertes Alterungspotential. Nicht zu vergessen der frisch-fröhliche Chianti Colli senesi ❷.

Cusona ★−★★★
Guicciardini-Strozzi, Fattoria di Cusona,
San Gimignano

Einer der führenden Betriebe in Quantität und Qualität des weißen Vernaccia di San Gimignano ❷ und der Perlato ❸. Zum 1000(!)-jährigen Bestehen des Landguts wurde ein Jubiläumswein auf Sangiovese-Basis kreiert: Millanni ❺.

Montenidoli ★★
Fattoria Montenidoli,
San Gimignano

Zwei Frauen, Mutter und Tochter, treiben dieses Gut und seinen Agrotourismus mit unermüdlichem Einsatz voran. Eine brandneue Kellereianlage bürgt für technisch einwandfreie, saubere Weine. Das Interessante sind die verschiedenen Ausprägungen des Vernaccia ❷ − ❸, die hier erzeugt werden.

Panizzi ★★−★★★
Azienda agricola Panizzi, Racciano,
San Gimignano

Dieser kleine Spitzenbetrieb ist das Werk eines Mailänder Computerfachmanns, der die Elektronik an den Nagel hängte und nun einen der besten Vernaccia ❸, aber auch einen ausgezeichneten Chianti Colli Senesi ❷ produziert.

Pietraserena ★★−★★★
Azienda agricola Pietraserena, Bruno Arrigoni,
San Gimignano

Besitzt an der Via Casale Rebberge an den besten Lagen der Zone und dank sorgfältiger Arbeit in den Reben und in der Kellerei sind die Weine hervorragend. Verschiedene Typen von Vernaccia ❷ − ❸, fast noch interessanter die Rotweine, die unter der Fittiche des Chianti Colli senesi ❷ vermarktet werden.

Ponte a Rondolino ★★−★★★
Fattoria Ponte a Rondolino, Teruzzi & Puthod,
Casale, San Gimignano

Enrico Teruzzi ist ein Techno-Freak und entsprechend ist seine Kellerei eingerichtet. Er hat mit seinen sauberen Weinen großes Verdienst am Wiederaufstieg des Vernaccia. Seine Basisproduktion Vernaccia di San Gimignano ist frisch und korrekt ❷, seine weißen Spitzenweine Terre di Tuffi ❹ und der nach seiner Frau benannte Carmen ❸ haben in Italien Furore gemacht.

Die Vinoteca-Empfehlungen

Hier sind einige Beispiele von Weinen durch alle Preislagen und Kategorien, die sich durch zuverlässiges Preis-Wert-Verhältnis auszeichnen. Sie werden alle in größeren Mengen erzeugt, sodass die Chancen gut stehen, sie im Handel (Bezugsquellen S. 76) zu finden. Für Verfügbarkeit und Preisangaben kann allerdings keine Garantie übernommen werden. Die Qualität kann je nach Jahrgang leicht schwanken, die Preise können je nach Verkaufsort variieren.

Weinname	⚲ 🍷	★	❶	⚊ 🍴	🍽
San Gimignano DOCG Ponte a Rondolino, Teruzzi & Puthod (S. 70)	weiß, trocken, fruchtig, angenehme Säure	★★	❶ – ❷	trinken innerhalb 1 bis max. 3 Jahren	Teigwaren mit Butter, Fisch, Meeresfrüchte
Santa Cristina IGT Antinori (S. 54)	süffiger, einfacher Sangiovese gemildert mit Merlot	★–★★	❶ – ❷	kann jung getrunken werden, bis 3 Jahre lagerfähig	Salami, kalte Imbisse, Spaghetti, Eintöpfe, Risotto
Chianti DOCG Ruffino (S. 54)	sauberer, ehrlicher und auch rassiger Chianti	★–★★	❷	jung trinken oder max. 4 Jahre lagern	Imbisse, milder Käse, Eierspeisen, Teigwaren
Chianti classico DOCG Rocca delle Macíe (S. 61)	typischer, eher leichter Chianti classico mit schönen Aromen	★★	❶ – ❷	nach 1–2 Jahren trinkreif, max. 5 Jahre lagerfähig	Kalbfleisch, Ossobuco (Kalbshaxe), Teigwaren
Chianti classico DOCG San Felice (S. 61)	ein sicherer Qualitäts-Chianti, sehr harmonisch	★★	❷	am besten nach 2 bis max. 5 Jahren	Geflügel, Innereien, Saltimbocca (Kalbsschnitzel), Hackbraten
Chianti classico DOCG Melini, Selvanella (S. 59)	rassiger Chianti, fruchtig, mit guter, erfrischender Säure	★★	❷	nach 2–3 Jahren schön reif, max. 5 Jahre lagern	rotes Fleisch, gekochtes Rindfleisch, Lammkoteletts und -keule
Chianti Rúfina DOCG Castello di Nipozzano (S. 63)	charaktervoll, wuchtig-würzig	★★★	❸	optimale Trinkreife nach 4–7 Jahren	Wildbret, Federwild, Gegrilltes, würzige Käse
Chianti classico Riserva Castello di Brolio (S. 56)	imposanter, eleganter Chianti, füllig und fruchtig	★★★–★★★★	❹	optimale Trinkreife nach 5–10 Jahren	Gegrilltes vom Rind, würzige Braten, Wildbret, würzige Käse
Vino Nobile di Montepulciano DOCG Cerro (S. 66)	gehaltvoll, komplex, von samtiger Harmonie	★★	❸	nach 3 bis 5 Jahren in bester Trinkreife	Kalbshaxen, Teigwaren mit kräftigen Saucen, Kaninchen, Geflügel
Brunello di Montalcino DOCG Castello Banfi (S. 64)	kräftiger, komplexer Tropfen mit enormem Reifepotenzial	★★★	❹	braucht 5–7 Jahre bis zur vollen Harmonie	würzige, rote Fleischgerichte, Wildbraten, Federwild
Super Toskaner IGT Sangioveto, Badia a Coltibuono (S. 57)	ein charaktervoller toskanischer Wein in Vollendung	★★★★	❹	optimale Trinkreife nach 5–10 Jahren	zu großen Anlässen, zum Hauptgang des Galamenüs
Vin Santo DOC Avignonesi (S. 66)	süß, würzig, sehr dicht	★★★	❹	trinkreif; verschlossen jahrelang haltbar	zum Nachtisch, mit Mandelgebäck

Gut einkaufen

Beim Weinerzeuger, im Fachhandel
An der Quelle selbst macht das Wein kaufen
sicher am meisten Spaß. Sie können vor Ort
degustieren und diskutieren, in kleineren Weingütern meist mit dem Inhaber oder Kellermeister persönlich. Sie dürfen sich in den Rebbergen und im Keller umsehen und erhalten so
einen guten Eindruck des Betriebes.
In der Toskana ist der Direktkauf praktisch bei
allen Erzeugern möglich. Die Güter sind sogar
daran interessiert, denn sie können dabei die
Marge der Wiederverkäufer teilweise in die
eigene Kasse leiten. Das heißt aber auch, dass
die Preise, zumindest bei renommierten Gütern,
nicht automatisch viel tiefer sind als auf dem
Markt. In fast jedem größeren Ort der Toskana
finden sich eine oder mehrere Weinläden, so genannte Enoteche (sprich: Enoteke). Sie bieten
meist einen guten Querschnitt durch die Weine
der Region. So hat etwa die Enoteca am Markt-
platz von Greve ein exzellentes Angebot von
Chianti classico, teilweise auch älterer Jahrgänge. Die Preise in den Enoteche sind mode-

rat, manchmal sogar günstiger als auf den
Weingütern selbst, wo der Käufer keinen Preis-
vergleich hat. Allerdings besteht in den meisten
Enoteche – außer in den Geschäften von offi-
ziellen, staatlichen Stellen oder Konsortien –
keine Möglichkeit zum Verkosten. Adressen von
einigen guten Enoteche finden Sie auf S. 77.

Beim Kauf im Weingebiet beachten
Denken Sie daran, dass der Transport im Koffer-
raum des Wagens dem Wein schaden kann.
Wenn Sie Ihren Wein schon am Anfang des Ur-
laubs kaufen, fahren Sie ihn möglichst nicht
tage- oder wochenlang im Auto spazieren, wo
er – namentlich im Sommer – starken Tempera-
turschwankungen ausgesetzt ist. Suchen Sie
Ihrer kostbaren Fracht bis zur Heimreise ein küh-
les Plätzchen.

Im Weinfachgeschäft
Fast jedes Fachgeschäft hat sein oder seine
Spezialgebiete. Sie sollten in unserem Fall Aus-
schau halten nach einem Toskana- oder Italien-
Spezialisten. Ideal ist natürlich, wenn Sie sich
»Ihren« Weinhändler aufbauen und einen Fach-
mann zur Hand haben, dem Sie vertrauen. Als

Beurteilung der Einkaufsquellen

Einkaufsquelle	Auswahl	Preise	Verkostung	Beratung	Service
Weingut Erzeuger	minimal	normal	ideal möglich	sehr gut	gut
Enoteca im Weingebiet	regional maximal	normal	beschränkt möglich	gut bis sehr gut	gut
Weinfachhandel	optimal auch im oberen Bereich	eher hoch	gut bis sehr gut möglich	gut bis sehr gut	sehr kulant
Weinversender	gut bis sehr gut	eher hoch	nur über Probebestellung	gut	sehr kulant
Verbrauchermarkt	sehr gut im unteren Preisbereich	günstig	kaum möglich außer bei Aktionen	minimal	minimal
Messen	sehr unterschiedlich je nach Messe	normal	in der Regel gut möglich	normal bis sehr gut	normal

Stammkunde wird er Sie bevorzugt behandeln, er wird sich Zeit zum Fachsimpeln nehmen und Ihnen wertvolle Tipps vermitteln können, besonders wenn er, was meistens der Fall ist, seine Lieferanten persönlich kennt.

Beim Weinversender

Zumindest große Versandhändler haben oft ein interessantes und übersichtlich gestaltetes Angebot. Die Toskana nimmt darin meist eine bevorzugte Stelle ein. Mittels Schnupperpaketen oder -angeboten ist es möglich, sich zu einem Vorzugspreis einzelne Probierflaschen zustellen zu lassen.

Auf Weinmessen

Für viele Leute sind sie Anlass, zu einigen Gratis-Gläschen zu kommen. Doch aufgepasst: Im Rummel und vor allem in leicht beschwipstem Zustand hat schon mancher Besucher übereilt gekauft. Wenn auf einer Messe aber in Ruhe verkostet und verglichen und mit dem Aussteller ein vernünftiges Wort gewechselt werden kann, so ist diese Einkaufsquelle durchaus empfehlenswert.

IM LEBENSMITTELHANDEL

In den Supermärkten hat der Wein einen hohen Stellenwert und manche der Ladenketten haben sehr erfahrene Einkäufer. Durch die Einkaufsmengen können sie besonders im unteren Preisbereich oft günstige Angebote unterbreiten. Im Discount ist dies der Fall bei Aldi, in den Supermärkten Spar, Rewe, Kaiser's, Wal-Mart und Eurospar.
In den Weinregalen der Kaufhäuser Kaufhof, Karstadt, Hertie, Horten und besonders im Berliner KaDeWe entdecken Sie teilweise hervorragende Weine. Im Bereich um die zehn Mark und mit ausgezeichnetem Preis-Wert-Verhältnis sind Edeka, Tengelmann, Familia Nord oder Globus stark.

FRAGEN AN DEN VERKÄUFER

Über die generellen Punkte der toskanischen Weine, wie Weintypologie, Weinzonen DOC oder Jahrgänge, wissen Sie jetzt dank diesem Band bestens Bescheid. Was Sie erfragen sollten, sind Einzelheiten und Eigenheiten eines Produzenten und seiner Weine.

- Zu den Rebsorten: Welche sind zu welchen Anteilen in diesem Wein enthalten, sofern dies nicht auf dem Etikett vermerkt ist? (S. 16, 25)
- Was ist spezifisch für das Terroir des Betriebs, für Kulturform und die Pflanzdichte der Reben? (S. 18)
- Zur Ernte: Wurden die Trauben handgelesen oder maschinell geerntet? (S. 21)
- Zur Weinbereitung: Wie lange dauern Maischezeit und Vergärung? (S. 22)
- Zum Ausbau: Wie lange war der Wein im Tank, im Holzfass oder in der Barrique? (S. 23)
- Zum Produzenten: Wie groß ist der Betrieb? Wie alt ist er? Welches ist er Werdegang des Winzers, wer sind seine Berater (Önologen)? (S. 54 ff.)
- Zum Jahrgang: Gab es beim Erzeuger Besonderheiten in diesem Jahr? (S. 26)
- Zum Wein: Was sind die Charakteristiken und zu welchen Gerichten empfiehlt er sich? (S. 50)
- Zur Lagerfähigkeit: Wann ist die optimale Trinkreife erreicht. Wieviel Jahre kann er maximal gelagert werden? (S. 27)
- ★ Wie viele Flaschen wurden von diesem Wein abgefüllt? (S. 24)
- ★ Zu Auszeichnungen: Hat das Weingut oder der Wein irgendwelche Auszeichnungen erhalten oder Prämierungen gewonnen? (S. 54 ff.)

Mehr Informationen über den Einkauf von Wein finden Sie im Vinoteca-Band »Einkaufs-Guide Wein«.

Klug einkellern: toskanische Weine

Auf diesen Seiten vermitteln wir Ihnen einige Anregungen und Ratschläge für den Einkauf toskanischer Weine und den Aufbau eines kleinen Vorrats oder gar einer toskanischen Abteilung in Ihrem Weinkeller.

Zuvor ein paar Sätze zur Lagerung: Wein soll bei gleichmäßig kühler Temperatur – ideal: 10 – 12 °C, lieber 18 °C konstant statt zwischen 2 °C und 32 °C schwankend – gelagert werden; fern von Chemikalien, Auspuffgasen oder Heizkesseln. Die Flaschen werden liegend gelagert, damit der Kork mit dem Wein in Kontakt bleibt und nicht austrocknet.

Zur Einkaufsplanung

Am besten legen Sie sich einen Einkaufs- oder Einlagerungsplan zurecht. Anhand des kleinen Schemas unten können Sie dann Ihren Jahresbedarf an Flaschen und das erforderliche Budget abschätzen.

Kreuzen Sie bei jedem Punkt im Schema an, was für Sie zutrifft, und setzen Sie in der letzten Spalte die über den Spalten genannten Punktzahlen ein:

	3	2	1	Punkte
Stellenwert der Toskana	hoch	mittel	gering	
eigene Lagermöglichkeiten	ideal	beschränkt	gering	
Weinkonsum pro Woche	mehr als 5 Fl.	bis 5 Flaschen	bis 2 Flaschen	
Punkte insgesamt				

Entsprechend der Punktzahl haben wir einige Vorschläge für Sie ausgearbeitet, die Sie natürlich noch ganz nach Ihren eigenen Vorlieben und Bedürfnissen variieren können.

Vorschläge zu den Weinen finden Sie in diesem Buch in unserem Guide zu Gütern und Weinen ab S. 54.

8 – 9 Punkte

Sie sind ein ausgesprochener Weinfreak und lieben die Toskana. Für Sie kommt nur das Beste in Frage. Richten Sie in Ihrem Weinkeller eine Ecke dafür ein und pflegen Sie diesen Vorrat. Mit 1000 bis 1500 DM/500 bis 750 € müssen Sie dabei rechnen. Unser Einkaufsvorschlag:

Alltagsweine, zum baldigen Konsum

24 Flaschen einfache Rotweine ❶ – ❷	DM 240,–
12 Flaschen Weißwein ❶ – ❷	DM 120,–

Sonntagsweine, trinkreife Jahrgänge

12 Flaschen festlicher Rotwein ❷ – ❸	DM 200,–

Lagerweine für große Gelegenheiten

12 Flaschen Lagerweine ❸ – ❺	DM 400,–
6 Flaschen Super-Toskaner ❹ – ❺	DM 300,–
54 Flaschen total	DM 1260,–

5 – 7 Punkte

Sie haben viel übrig für die Weine aus der Toskana. Sie sollten einen schönen Querschnitt an Gewächsen im Vorrat haben. Rechnen Sie mit ca. 500 DM/250 €.

12 Alltagsweine, rot oder weiß ❶ – ❷	DM 120,–
6 Sonntagsweine (trinkreif) ❷ – ❸	DM 120,–
6 Lagerweine / Super-Toskaner ❸ – ❹	DM 240,–
24 Flaschen total	DM 480,–

3 – 4 Punkte

Die Toskana ist für Sie ein Weingebiet unter vielen. Sie werden sich also einige schöne Flaschen bereit halten und wann immer Sie die Lust auf die Toskana überkommt, eine davon entkorken. Rechnen Sie mit einer Investition von gut 200 DM/100 €

6 Flaschen Trinkweine ❶ – ❷	DM 60,–
3 Flaschen Sonntagsweine ❷ – ❸	DM 60,–
3 Flaschen Lagerweine ❸ – ❹	DM 120,–
12 Flaschen total	DM 240,–

Richtig servieren: toskanische Weine

Gläser machen Weine, sagt man nicht zu Unrecht. Ein einfacher Tropfen schmeckt besser aus einem schönen Glas und ein kostbares Gewächs kommt in einem Kelch besser zur Geltung.
Gute Weingläser haben Tulpenform. Sie werden nur zu einem Drittel gefüllt, damit sich im verjüngenden Hohlraum oben das Bukett sammeln kann. Je komplexer und hochklassiger ein Wein ist, desto voluminöser sollte das Weinglas sein.

Hier sehen Sie drei gute Beispiele für toskanische Weine. Links ein stilvolles Glas für fruchtige, frische Weißweine. Ein zartes Bukett steigt aus einem schlanken Kelch besonders fein in die Nase. In der Mitte ein einfaches, aber zweckmäßiges Glas für einfache Weine des Alltags. Rechts ein voluminöses Rotweinglas, das selbst den großartigsten Weinen der Toskana gerecht wird. Ehre, wem Ehre gebührt!

Achten Sie auf die richtige Ausschanktemperatur. Die Tabelle unten gibt Auskunft. Zu kühl ist in jedem Fall besser als zu warm. Bei Zimmertemperatur, die ja meist über 20 Grad liegt, erwärmen sich die Weine im Glas rasch und die Trinktemperatur steigt schnell um einige Grade an.

- 8–10° Weißweine
- 10–12° Rosé, Rosato, Novello
- 12–14° einfache Rotweine
- 14–16° gehaltvolle Rotweine
- 16–18° wuchtige Rotweine

Dieser schlanke Kelch ist ein gutes Weißweinglas.

Ein einfacher Glastyp für einfache Weiß- und Rotweine.

Dieser voluminöse Kelch wird edlen Rotweinen gerecht.

B E Z U G S Q U E L L E N

Weinfach-und Weinversandgeschäfte mit gutem Toskana-Sortiment
(* überregionale Anbieter oder Versender):
55543 Bad Kreuznach, Terra di Toscana
Tel. 06 71/6 20 55
22885 Barsbüttel, Weinland Abayan
Tel. 0 40/67 09 56, Fax 6 70 25 22
10965 Berlin, La Cantina
Tel. 0 30/7 85 87 93, Fax 7 86 52 59
14199 Berlin, Gute Weine
Tel. 0 30/8 24 30 34, Fax 8 23 29 29
44787 Bochum, Il Posto
Tel. 02 31/68 09 90
53179 Bonn-Lannesdorf, Cantina Vino d'Italia
Tel. 02 28/34 71 54, Fax 34 05 83
38104 Braunschweig, Harald L. Bremer
Tel. 05 31/23 73 60, Fax 37 30 22
28195 Bremen, Eggers & Franke*
Tel. 04 21/3 05 30, Fax 3 05 31 10
28203 Bremen, Gute Weine Lobenberg
Tel. 04 21/70 56 66
28217 Bremen, Ludwig von Kapff*
Tel. 04 21/3 99 43 00
86807 Buchloe, Alpina*
Tel. 0 82 41/50 05 47
21614 Buxtehude, La Cantina Italiana
Tel. 0 41 61/5 35 33
44135 Dortmund, Klauke und Eberle*
Tel. 02 31/52 46 25
44149 Dortmund, Mövenpick Weinland*
Tel. 02 31/96 51 56
40129 Düsseldorf, Jacques Weindepot*
Tel. 02 11/3 90 02 63, Fax 3 90 92 68
41812 Erkelenz, Vini d'Italia
Tel. 0 24 31/66 96, Fax 15 53
45219 Essen, Wein & Mehr
Tel. 0 20 54/8 56 42
60368 Frankfurt, Vinothek Italia
Tel. 0 69/41 83 28, Fax 41 91 08
60320 Frankfurt, Vino e Pane
Tel. 0 69/56 74 67, Fax 5 60 11 14
86567 Hilgertshausen, Vino buono
Tel. 0 82 50/91 23, Fax 75 64

85635 Höhenkirchen, Bonvino
Tel. 0 81 02/7 10 71, Fax 7 10 24
34119 Kassel, Weinhandlung Schluckspecht
Tel. 05 61/7 39 01 86, Fax 10 28 10
50667 Köln, Fegers & Unterberg & Berts*
Tel. 02 21/2 58 15 30
50933 Köln, Kölner Weinkeller
Tel. 02 21/54 30 41, Fax 54 32 02
83708 Kreuth, Der Wein Gerg
Tel. 0 80 22/68 95
80807 München, Garibaldi
Tel. 0 89/1 68 97 38, Fax 3 59 29 29
92318 Neumarkt, vinodivino
Tel. 0 91 81/2 22 06
90403 Nürnberg, Il Nuraghe
Tel. 09 11/50 10 91, Fax 50 45 60
93047 Regensburg, Rossini Weine
Tel. 09 41/56 54 00
93059 Regensburg, Enoteca Italiana
Tel. 09 41/8 65 07, Fax 8 65 07
78628 Rottweil, Bacchus Vinothek
Tel. 07 41/1 72 06
73614 Schorndorf, Hardy's Feine Weine
Tel. 0 71 81/2 45 35
70372 Stuttgart, Fischer & Trezza*
Tel. 07 11/95 59 59, Fax 56 12 35
47918 Tönisvorst, Peter Clüsserath
Tel. 0 21 51/9 79 70
25436 Tornesch, Hawesco* Hanseatisches
Wein + Sekt-Kontor, Tel. 0 41 22/5 04 00
66333 Völklingen, VIF Weinhandel
Tel. 0 68 98/2 70 70
79576 Weil/Rhein, Schuler-Weine*
Tel. 08 00/8 84 47 74

Lebensmittelhandel mit gutem Toskana-Angebot: Globus, Dohle/Hit, Karstadt/Hertie, KaDeWe, Kaufhof Galeria, Wal Mart, Handelshof, Famila/ citti, Real, Ratio Cash & Carry, AVA/Edeka mit Marktkauf und dixi.
Gut in Preis und Leistung unter 10,– DM:
Aldi, penny, hl und minimal.
Schweiz: Coop, Pick-Pay, vis-à-vis, Familia.
Österreich: Merkur, Mein Gourmet, Wein & Co.

Weitere Bezugsquellen finden Sie im Internet unter der Adresse: www.vinoteca.falken.de

ADRESSEN IN DER TOSKANA

Vorwahl Italien 0039

Tourismus allgemein

I-50121 Florenz:
Azienda di Promozione turistica
Via Manzoni 16
Tel. 0 55/2 33 20, Fax 2 43 62 86

I-53100 Siena:
Azienda di Promozione turistica
Il Campo 56
Tel. 05 77/28 30 04, Fax 28 10 41

I-53045 Montepulciano:
Ufficio turistico, Via Ricci 9
bei der Piazza Grande, Tel. 05 78/75 86 87

I-53024 Montalcino:
Pro Loco, Costa del Municipio 8
Tel. 05 77/84 82 42

I-53037 San Gimignano:
Ufficio turistico Pro Loco, Piazza Duomo 1
Tel. 05 77/94 00 08

WEINFACHHANDEL IN DER TOSKANA

I-50123 Florenz:
Cantinetta Antinori, Piazza Antinori 3
Tel. 0 55/29 22 34 (alle Antinori-Weine)
Enoteca Fuori Porta, Via Monti alle Croci 10/R
Tel. 0 55/2 34 24 83 (Verkostungen, Imbisse)

I-53100 Siena:
Enoteca italiana
Fortezza Medicea, Piazza Matteotti 30
Tel. 05 77/28 84 97, Fax 27 07 17

I-50020 Greve in Chianti:
Enoteca del Gallo nero
Piazzetta Santa Croce 8, Tel. 0 55/85 32 97

I-53024 Montalcino:
Enoteca La Fiaschetteria, Piazza del Popolo
Tel. 05 77/84 90 43 (Weinproben mit Imbiss)
Enoteca della Fortezza, Piazzale La Fortezza
Tel. 05 77/84 92 11 (Weinproben mit Imbiss)

I-53037 San Gimignano:
Enoteca Casa del Caffé, Via San Matteo 2
Tel. 05 77/94 03 71

I-53045 Montepulciano:
Enoteca Terre Toscane, Via Ricci, 14a Piazza
Grande, Tel./Fax 05 78/75 77 08
Enoteca Borgo Buio, Via di Borgo Buio 10
Tel. 05 78/71 74 97, Fax 75 67 84

FÜR WEININFORMATIONEN

Chianti classico:
Consorzio del Chianti classico, Marchio storico
S. Andrea in Percussina, I-50026 San Casciano
Tel. 0 55/8 22 82 45, Fax 8 22 81 73

Vino Nobile di Montepulciano:
Consorzio Tutela vino
Via delle Case Nouve, I-53040 Montepulciano
Tel. 05 78/75 78 12, Fax 75 82 13

Brunello di Montalcino:
Consorzio Brunello di Montacino
Costa del Municipio 1, I-53024 Montalcino
Tel. 05 77/84 82 46, Fax 84 94 25

Chianti Rúfina:
Via Villa Poggio Reale, I-50068 Rúfina
Tel. 0 55/21 23 33, Fax 21 02 71

Chianti Montespertoli:
Consorzio Montespertoli
Via Sidney Sonnino 21, I-50025 Montespertoli
Tel./Fax 05 71/60 94 12

Vernaccia di San Gimignano:
Villa della Rocca, Piazza Duomo 3
I-53037 San Gimignano
Tel. 05 77/94 01 08, Fax 94 20 88

DOC Montecarlo:
Palazzo Agricoltura, Borgo Gianotto
I-55100 Lucca, Tel. 05 83/34 17 46

DOC Bolgheri:
Via Vittorio Emanuele II 49
I-57022 Castagneto Carducci
Tel. 05 65/74 97 35

Im FALKEN Verlag sind zahlreiche Titel zum Thema »Wein«
erschienen. Sie finden sie überall dort, wo es Bücher gibt.

Sie finden uns im Internet:
www.falken.de und www.vinoteca.falken.de

ISBN 3 8068 7438 7

Umschlaggestaltung: Peter Udo Pinzer
Gestaltung: Peter Jaray, Zürich
Konzept: Dr. Gerhard Kebbel
Redaktion: Barbara Fleig/Marion Rupp
Lektorat: Thomas Wieke, Idstein
Herstellung: Daniel Moosberger, Oensingen
Umschlagfoto: Fotografie Friedemann Rink/Susa Kleeberg, Naurod
Fotos und Illustrationen im Innenteil:
Vinum, das internationale Weinmagazin; Armin Faber, Düsseldorf

Satz: FROMM MediaDesign GmbH, Selters/Ts.
Druck: Druckerei Uhl, Radolfzell

817 2635 4453 62